Andrea Nagl

Türkisch Kochen

Einfach genießen:
Mehr als 200
landestypische Rezepte

Seehamer Verlag

Bildnachweis:
Für die freundliche Überlassung der Abbildungen danken wir
den folgenden Firmen (in alphabetischer Reihenfolge):
Ketchum Public Relations, Münche und dort im einzelnen:
Aurora Urkraft des Keimes, Abbildung zu Rezept Seite 20
USA-Sonnenblumenkerne, Abbildung zu Rezept Seite 149
The Food Professionals Pressedienst GmbH, Sprockhövel/Uncle Ben's,
Abbildungen zu den Rezepten Seite 98 und 112
Union Deutsche Lebensmittelwerke GmbH, Hamburg, und dort im einzelnen:
Biskin, Abbildung zu Rezept Seite 96,
Livio Öl, Abbidlung zu Rezept Seite 122,
Palmin, Abbildung zu Rezept Seite 156

Gestaltungskonzeption und
Abbildung 1 im Bildteil: Bine Cordes, Weyarn
DTP: Impressum GmbH, Dachau
Umschlaggestaltung: Bine Cordes, Weyarn
Umschlagfoto: Union Deutsche Lebensmittelwerke GmbH, Hamburg, Olio Dante
Printed in Austria
ISBN- 3-932131-81-9

Inhalt

Vorwort

Gastfreundschaft und Essen waren und sind in der Türkei große Werte – ob in den Palästen des Osmanischen Reiches oder den Zelten der Nomadenvölker. Den Gast aufs beste zu bewirten, ist der Stolz jeder türkischen Hausfrau. Sie beherrscht die Kunst, aus alltäglichen Zutaten ein Gericht zu zaubern, das auf der Zunge zergeht, und hat die Geduld, feine Teige, Füllungen und Soßen vorzubereiten und alles zu phantastischen Kreationen zu verbinden. Die türkische Küche darf ohne Übertreibungen zu den feinsten und vielseitigsten Küchen der Welt gezählt werden. Sie auf Döner Kebab zu reduzieren wäre so, als ob man den Franzosen nur Pommes frites zutraute.

So kriegerisch die Türken ihr Land seit jeher verteidigt haben, so offen waren sie über die Jahrhunderte für von außen kommende kulinarische Anregungen. In der türkischen Küche finden sich daher die vielfältigsten Einflüsse aus Afrika, Asien und Europa. Neben der wechselhaften Geschichte liegt ein weiterer Grund für die kulinarische Vielfalt des Landes in seinen unterschiedlichen klimatischen Regionen. Das Land bietet seinen Köchen alle Zutaten frisch auf den Tisch: Obst und Gemüse, Fisch und Fleisch. Bei der Produktion von Lebensmitteln ist die Türkei bis heute autark. Es gibt weltweit nur sechs Länder, die das von sich behaupten können.

Der Osten der Türkei ist gebirgig und zerklüftet, vergleichbar unseren Alpen. Viehherden weiden auf Almen mit ihren würzigen Kräutern und Wildblumen, entsprechend schmackhaft sind Milch und Käse. Eine Spezialität dieser Region sind intensiv schmeckende Honigsorten, die man bei uns aber leider kaum kaufen kann. Dort ist auch der Joghurt mit Honig ein einfaches, aber beliebtes und delikates Dessert, das Sie aber auch mit einem leckeren Honig aus Deutschland problemlos herstellen können.

Das anatolische Kernland ist die Kornkammer der Türkei. Wogende Weizenfelder erstrecken sich über die sanft-hügelige Landschaft und wechseln sich ab mit trockenen Steppen und kargen Felsgegenden. Im geographischen Zentrum der heutigen Türkei liegt Kayseri, berühmt für viele Köstlichkeiten, wie zum Beispiel Mantı. Die Region um die Stadt Konya, weiter im Westen gelegen, ist dagegen bekannt für ihre Gemüse- und Obstplantagen.

Am Schwarzen Meer im Norden zählt die Verwendung von Maismehl und Sardellen zu den Besonderheiten, aus denen mannigfaltige Gerichte, vom einfachen Grillfisch am Spieß über gefüllte bis hin zu panierten Varianten, zubereitet werden. Dort hält sich auch wacker das spöttische Gerücht, die Fischer am Schwarzen Meer würden auch noch ein Dessert aus ihren geliebten Sardellen herstellen, wenn sie nur endlich eine passende Idee dafür fänden. Doch hat diese Region weit mehr als nur Fisch zu bieten, denn im milden Klima der Schwarzmeerküste gedeihen beispielsweise auch Tee- und Haselnußsträucher.

Im Osten und Süden der Türkei, geprägt von der Ägäis und dem Mittelmeer, stehen vor allem Fischgerichte in vielen Variationen auf dem Speiseplan. Aus dem trockenen und heißen Hinterland der Küste stammen die typischen stark gewürzten Gerichte der türkischen Küche. Historisch ist das wohl damit zu erklären, daß diese starke Würze die Haltbarkeit der Speisen förderte. Im Volksmund heißt es, man müsse die Speisen der Außentemperatur angleichen.

Die Hochburg türkischer Kochkunst liegt heute jedoch rund um das Marmarameer. In Istanbul entwickelte sich die sogenannte Palastküche. In Diensten ihrer jeweiligen Herren wetteiferten ganze Heerscharen von Köchen um immer raffiniertere Gaumengenüsse. Keine Mühe war ihnen zu groß, immer wieder neue Kombinationen auszuprobieren. Besonders der Präsentation der kulinarischen Kunstwerke kam große Bedeutung zu, getreu der Erkenntnis: Das Auge ißt mit. Diese Erkenntnis hat in der Türkei Eingang in die Alltagsküche gefunden. Keine türkische Hausfrau würde darauf verzichten, gefüllte Platten, Schalen und Schüsseln zu verzieren. Ein Petersilienblatt ist das mindeste, Zitronen- oder Tomatenscheiben, Safranblüten und grobes Paprikapulver, Pinien, Pistazien und vieles mehr werden je nach Geschmack und Farbkombination dekorativ eingesetzt.

Die Geschichte der türkischen Küche

Schon die Nomaden Zentralasiens im ersten Jahrtausend verwendeten viele der Zutaten, die noch heute in türkischen Kochtöpfen zu finden sind. Es gelang ihnen, Milch zu Joghurt zu säuern und somit haltbar zu machen. Süzme-Joghurt, ein abgetropfter, fest-cremiger Joghurt, zählt bis heute zu den Spezialitäten der türkischen Küche. Er wird in vielen Rezepten verwendet. Ayran, ein Joghurtgetränk, gibt es mittlerweile auch in deutschen Supermärkten zu kaufen. Joghurt taucht in diesem Kochbuch immer wieder auf, von der Vorspeise bis zum Dessert; natürlich erfahren Sie auch, wie man ihn selbst herstellt. Auch das Braten am Spieß ist ein Erbe der Nomaden: Unkompliziert wurden so die verschiedenen Zutaten kombiniert. Fleisch wurde außerdem gegrillt oder zusammen mit Gemüse in einer tönernen Schale (Güveç) in der Glut des Feuers geschmort. Weizen hatten schon die frühen Turkstaaten kultiviert: Sie bereiteten daraus Fladen und Brot und verarbeiteten ihn zu Weizengrütze (Bulgur). Bulgur fanden die Archäologen sogar in etwa 6000 Jahre alten Feuerstätten.

Bis heute erhaltene erste schriftliche Zeugnisse über die türkische Kultur und damit auch über Koch- und Eßgewohnheiten stammen aus dem 11. Jahrhundert. Die Verfasser beschreiben beispielsweise Fladenbrot und normales Weißbrot, Eintöpfe und Speisen am Spieß, Joghurtsuppe und Nudelsuppe, Traubensirup und Wein, Reismehlpudding und Safranreis. Dem im 13. Jahrhundert lebenden Philosophen Mewlana verdanken wir eine ausführliche Beschreibung der damals erhältlichen Zutaten. Fazit: Es fehlte an nichts.

In der Nachfolge Mewlanas wurde der Mewlewije-Orden gegründet, heute berühmt durch seine tanzenden Derwische. Der Orden hält sich bis heute an die Küchen- und Speisesitten aus dem 13. Jahrhundert. Das Essen hat dort bis heute zentrale Bedeutung und die Küche, der Ort, wo all die leckeren Speisen zubereitet werden, ist ein geheiligter Ort. Wer früher in den Orden eintreten wollte, mußte erst tagelang den Novizen und Mönchen in der Küche bei der Arbeit zuschauen, um dann für sich selbst über seinen künftigen Weg zu entscheiden. Zum Noviziat gehörte in großem Umfang auch hingebungsvolle Küchenarbeit. Das Speisenangebot war reichlich und die Mönche waren wohl damals schon verwöhnte Schleckermäuler: Safranreis und Puddings, Helwas und Sorbets, Honig, Obst und gesüßte Obstsäfte krönten ihr Mahl. Der Kaffee hatte einen hohen Stellenwert: Unter den genau definierten Küchenpflichten gab es einen Posten für das Rösten und Mahlen der Bohnen und einen für das Kaffeekochen. Im großen und ganzen hat sich daran bis heute nichts geändert, und so ist bei diesem Orden bis heute das gute Essen „heilige“ Pflicht.

Das Osmanische Reich vom 14. bis zum Anfang des 19. Jahrhunderts war kulinarisch eine Periode ständiger Verfeinerung. In der Palastküche, einem Reich im Reich, konnte es für einen Koch tödlich sein, wenn seine Kreationen dem Herrscher nicht mundeten. Das Zentrum osmanischer Küchenkunst bildete die sogenannte Vogelkäfigküche – ein Bereich, in dem in kleinen Mengen in entsprechend kleinen Töpfchen, Pfännchen und Schüsselchen ausschließlich für den Sultan gekocht wurde. Darum herum gruppierten sich Abteilungen für die nächsten Verwandten, für sonstige Familienangehörige und Bedienstete, abgestuft nach Rang und Bedeutung.

Für jede Spezialität gab es einen eigenen Experten. So bildeten sich Traditionen, die sich zum Teil bis in den heutigen großstädtischen Alltag Istanbuls erhalten haben. Es gibt beispielsweise Spezialgeschäfte nur für Pudding oder Helwa oder Baklava. Die Sultane erließen Gesetze, um sicherzustellen, daß nur die besten Zutaten nach Istanbul kamen – ein Aspekt, den jedermann auch bei seiner eigenen Küchenkunst beherzigen sollte. Denn die sorgfältigste Zubereitung ist verlorene Liebesmüh', wenn die Zutaten nicht frisch, reif und hochwertig sind.

Aus der Palastküche stammen sowohl raffinierte Rezepte, zum Beispiel die vielen gefüllten Gerichte, aber auch einfache Speisen, in denen überraschende Zutaten miteinander kombiniert werden. Es gehört schon ein hohes Maß an kulinarischer Experimentierfreudigkeit dazu, aus Gemüse ein süßes Gelee oder aus Fleisch ein Dessert zuzubereiten.

Auf höchstem Niveau bewegten sich die Palastköche auch in der Kunst des Würzens. Die Gewürzstraße in Istanbul stand unter der strengen Kontrolle des Sultans. Salz – das werden Sie bei vielen Rezepten in diesem Buch merken – wird eher sparsam eingesetzt. An seine Stelle treten die Spezereien, die wir hierzulande vor allem aus der Weihnachtsbäckerei kennen: Zimt und Piment, Koriander und Kardamon, Vanille und Nelken, dazu frische Kräuter, allen voran Petersilie und Minze. Es ist übrigens nur ein Vorurteil, daß türkische Köche „Knoblauch satt" verwenden. Es gibt zwar Gerichte mit reichlich Knoblauch, zum Beispiel Knoblauchjoghurt mit oder ohne Gurken, doch das ist nicht die Regel, sondern eher die Ausnahme.

Ein Phänomen der türkischen Küche ist, daß sie zwar einen hohen Stellenwert genießt, daß „man" darüber aber nicht spricht. Entsprechend sparsam sind bis heute festgeschriebene Rezepte. Jeder, der in der Türkei einmal ein Kochbuch kaufen wollte, wird dies mit Erstaunen feststellen. Entsprechend flexibel ist auch der Umgang mit Rezepten: Es gibt Gerichte gleichen Namens, von denen die unterschiedlichsten Rezepte kursieren.

Der praktischen Anwendbarkeit halber habe ich mich in diesem Kochbuch immer auf eine konkrete Zubereitung mit genauen Mengenangaben festgelegt. Halten Sie sich daran, wenn Sie eher ungeübt in Küchendingen sind, variieren Sie nach Lust und Geschmack, wenn Sie sich beim Lesen bereits ein gutes Bild von den Genüssen machen können, die Sie erwarten.

Die Speisenfolge

Die türkische Speisenfolge ist sehr flexibel, aber immer reichhaltig. Die Reihenfolge der Kapitel in diesem Buch entspricht etwa dem Ablauf eines türkischen Menüs, doch sehen Sie das nicht als Vorschrift, sondern als Anregung. Die Mengen der Rezepte sind, wenn nicht anders angegeben, für vier Personen berechnet.

Selbst das einfache Mahl in der Familie beginnt mit einigen Vorspeisen. Generell gilt die Regel: erst die kalten, dann die warmen. Viele warme Vorspeisen eignen sich, in entsprechender Menge zubereitet, auch als eigener Gang im Hauptmenü. Die Suppe kann zwischen kalten und warmen Vorspeisen, aber auch anschließend oder als Gang zwischen Fleisch und Fisch serviert werden. Manche Suppen, zum Beispiel die Kuttelsuppe, stehen auch am Ende eines ausführlichen Mahles.

Fleisch und Fisch gibt es in der Regel pur, ohne die in Deutschland üblichen Beilagen. Viele Gerichte kombinieren allerdings Fleisch und Fisch mit Gemüse oder Körnern, vor allem Reis. Normalerweise steigt die Raffinesse des Gerichtes mit der Speisenfolge, das heißt zum Beispiel: Einfache gegrillte Lammkoteletts kommen vor einem Fisch-Gemüse-Schmorgericht und dieses wiederum vor gefülltem Gemüse oder Gerichten im Teigmantel. In der Regel wechseln sich Fisch und Fleisch mit Gemüse und Salat ab. Salat wird als erfrischender Zwischengang gereicht, aber es gibt auch Salate, die auf der kalten Vorspeisenplatte ihren angestammten Platz haben, zum Beispiel Weißer-Bohnen-Salat mit Zwiebeln.

Ein besonderes Augenmerk dieses Buches liegt auf der vegetarischen Vielfalt der türkischen Küche, einer wahren Fundgrube für experimentierfreudige Fleischverächter. Neben zahlreichen Gemüsevariationen und Anregungen für die Salatschüssel macht die türkische Küche überraschend vielseitigen Gebrauch von Getreide und Körnern. Neben Reis findet auch Reismehl Verwendung, mit Maismehl kocht und bäckt man an der Schwarzmeerküste, Bulgur (Weizengrütze) verschwand zu Unrecht aus deutschen Küchenkästen. Brot in verschiedenen Laib- und Fladenformen wird zu jedem Gang außer dem Dessert gereicht.

Den verführerischen Abschluß eines türkischen Mahles bilden in der Regel sirupsüße Kalorienbomben. Weltweit bekannt wurden Baklava, Nuß-Honig-Schnitten, die ganz wunderbar zum Mokka passen. Daneben gibt es viele weitere gebackene und fritierte süße Teilchen, die in Zuckersirup eingelegt werden. Den puren Sirup essen Sie allerdings nicht mit. Der obligatorische Mokka zum Abschluß eines türkischen Mahles ist der Vater aller Kaffeekunst in Europa und der Welt.

Heute in Deutschland türkisch zu kochen, ist leichter denn je. Viele türkische Fachgeschäfte halten die notwendigen Zutaten bereit. Zögern Sie nicht, nach einer ungewöhnlichen Zutat zu fragen, wenn Sie sich nicht sicher sind, ob Sie das richtige Päckchen in der Hand halten. Ich habe bei meinen Einkäufen immer wieder erlebt, daß den Mitarbeitern und Inhabern türkischer Geschäfte das Herz aufgeht, wenn sie merken, daß sich ein Deutscher für ihre Küche interessiert, und wurde dann mit Tips und Hilfsbereitschaft geradezu überschüttet. An dieser Stelle ein herzliches Dankeschön an all diese Experten, die mir geholfen haben und von denen ich oft nicht einmal den Namen kenne.

Besondere Zutaten der türkischen Küche

Damit Sie sich in den Rezepten leichter zurechtfinden, hier ein Überblick über spezielle türkische Zutaten. Ayran, Bulgur, Cumin – das ABC der türkischen Küche liest sich für den Anfänger zugegeben recht exotisch. Doch hinter manchem ungewohnten Namen verbergen sich Zutaten, die auch die deutsche Küche kennt. Kichererbsen beispielsweise sind bei uns zu Unrecht in Vergessenheit geraten. Dank der vielen Türken, die mittlerweile bei uns leben und arbeiten, gibt es in vielen Städten türkische Lebensmittelgeschäfte, die alle gängigen Zutaten anbieten. Manche Zutaten bekommen Sie auch im Naturkostladen oder gar in der Apotheke (Rosen- und Orangenwasser).

Bulgur (= Weizengrütze)
Bulgur gibt es fein und grob.

Cumin (= Kreuzkümmel)
Türkische Hackfleisch- und Gemüsegerichte bekommen durch Kreuzkümmel eine besondere Note. Man bekommt ihn ganz oder gemahlen.

Gerbersumach
siehe Sumach

Granatäpfel
Die wunderbaren Früchte aus morgenländischen Märchen sind mit unseren Äpfeln nicht vergleichbar. Sie haben eine feste orangebraune bis kräftig rote Schale, die nicht gegessen wird. Die eßbare Frucht setzt sich aus vielen kleinen Teilchen zusammen. Sie haben die Form von Maiskörnern, sind nur größer und saftig wie Johannisbeeren. In jedem Teilchen sitzt ein Kern, den man mitißt oder ausspuckt. Die Kerne werden gemahlen und geschrotet für verschiedene Gerichte verwendet.

Grenadinesirup
Dieser dicke Sirup wird aus sauren Granatäpfeln gewonnen. Sie erhalten ihn am ehesten in Fachgeschäften für Spirituosen oder in Delikatessen- oder Feinkostgeschäften.

Haspir
Ein Safranersatz, der auch Saflor genannt wird. Er färbt die Speisen etwas oranger als Safran und duftet weniger.

Kaşarkäse
Eigentlich ein fester weißer Schafskäse, der heute aber auch aus Kuhmilch hergestellt wird. Wenn Sie ihn nicht bekommen, können Sie Greyerzer, mittelalten Gouda oder Parmesan verwenden.

Kaymak
Kaymak ist eine Art saure Sahne, die vor allem zu Süßspeisen und Gemüse gereicht wird. Wenn Sie Kaymak im türkischen Fachgeschäft nicht bekommen, können Sie saure Sahne oder Crème fraîche nehmen.

Kırmızı Biber
siehe Paprikapulver

Korinthen
Korinthen – dunkle, getrocknete Weintrauben – werden oft in Verbindung mit Reis zur Füllung von Gemüsen verwendet. Kaufen Sie Korinthen, wenn möglich, im türkischen Fachgeschäft: Die getrockneten Früchte sind dort kleiner und feiner als die in Deutschland handelsüblichen Korinthen.

Kornelkirschen
Eine längliche Kirsche mit ebensolchem Kern, in der Form ähnlich der Olive, im Geschmack säuerlich. Das Fruchtfleisch gibt eine feine Marmelade. Der Saft wird auch zusammen mit Datteln der beliebten Tarhanasuppe zugegeben. Man nennt sie dann Serail-Suppe.

Kreuzkümmel
siehe Cumin

Kuyrukyağı
Hammelschwanzfett, das in der Regel zum Anbraten verwendet wird. Ist durch Butterschmalz zu ersetzen.

Mahleb/Mahlep
Ein typisch türkisches „Gewürz“, das Sie nur in gut sortierten Fachgeschäften bekommen. Es handelt sich um die gemahlenen Kerne von

Schwarzkischen, und verleiht vor allem Brot und Gebäck ein besonderes Aroma.

Maismehl
Gemahlener Mais. Das gelbe Mehl wird vor allem im Norden der Türkei entlang der Schwarzmeerküste verwendet.

Mastix(harz)
Mastix ist ursprünglich so klebrig wie sein Name. Das Harz des Akazienbaumes wird gezielt gewonnen und mit Salz pulverisiert. Es findet als Gewürz an herzhaften wie süßen Speisen Verwendung.

Minze
Minze wird gerne verwendet. Das frische Kraut ist eher selten zu bekommen, Sie können ersatzweise auch Pfefferminze oder getrocknete Minze verwenden. Minze paßt zu Fleisch- und Gemüsegerichten, zu heißen Suppen und kalten Vorspeisen.

Nigella (= Schwarzkümmelsamen)
Die kleinen schwarzen Kernchen kennen wohl die meisten vom türkischen Fladenbrot, wo sie sich vereinzelt unter die Sesamsamen mischen. Sie geben ein scharf-würziges Aroma.

Okra
Dieses Gemüse erinnert auf den ersten Blick an grüne Bohnen, ist aber kürzer, dicker und im Querschnitt nicht oval, sondern eckig. Okra gibt es getrocknet und frisch in türkischen Geschäften, aber auch im guten Gemüsesortiment. Bei frischen Okra schneidet man die Stengelansätze weg, aber arbeiten Sie dabei vorsichtig: Das Gemüse enthält im Inneren eine Art Schleim, der beim Kochen nicht ausfließen sollte.

Paprikapulver (= Biber)
Ein sehr wichtiges Gewürz in der türkischen Küche, entsprechend groß ist auch die Auswahl: Es gibt Paprika fein oder grob, mild, mittel und scharf. Wenn Kinder mitessen, wird oft vorsichtiger gewürzt, dafür steht dann das Paprikaschälchen für die Großen auf dem Tisch. Die Spezialität Kırmızı Biber wird aus milden, getrockneten Chilischoten hergestellt: Sie werden im Mörser zerstoßen und mit wenig Öl vermischt. Kırmızı Biber kann man auch gemahlen in türkischen Geschäften kaufen.

Pekmez
Dickflüssiger Traubensirup, der vor allem bei Süßspeisen verwendet wird. Sie bekommen ihn in gut sortierten türkischen Geschäften oder im Spiritousen-Fachhandel. Als Ersatz können sie Zuckersirup verwenden, aber dann fehlt das fruchtige Aroma.

Petersilie
Das am häufigsten verwendete Kraut. Was auch immer Sie kochen wollen, kaufen Sie auf jeden Fall ein dickes Büschel Petersilie ein, aber immer glatte, nie krause Petersilie.

Reismehl
Wird zum Andicken vor allem in Süßspeisen verwendet. Als Ersatz sind Kartoffelmehl und Weizenstärke möglich.

Rosenwasser
Duftet unwiderstehlich zart nach Rosen. Türkische Naschkatzen schätzen es zum Aromatisieren vieler Desserts und Backwaren. Hierzulande bekommen Sie Rosenwasser am einfachsten in der Apotheke.

Saflor
siehe Haspir

Schwarzkümmel
siehe Nigella

Sucuk
Knoblauchhartwurst aus Kayseri.

Sumach (auch Gerbersumach oder Sumak)
Die kleinen Früchte eines anatolischen Wildbaumes verleihen Fleisch und Gemüsegerichten ein säuerliches Aroma. Man verwendet sie entweder eingeweicht und ausgedrückt oder zermahlen. Wenn Sie Sumach nicht bekommen, können Sie auch Zitronen- oder Lemonsaft verwenden.

Tahın
Eine ölige Paste, die hauptsächlich aus Sesam besteht. Türken verwenden sie als Brotaufstrich, für Vorspeisen und Desserts. Sie ist wichtiger Bestandteil des Humus.

Traubensaft sauer
Traubensaft (Verjuice) aus sauren, unreifen Trauben wird für viele anatolische Gerichte verwendet; er kann durch Zitronensaft ersetzt werden.

Weinblätter
Weinblätter bekommen Sie in Salzwasser eingelegt das ganze Jahr. Vor Verwendung wässert man die Blätter und füllt sie dann mit verschiedenen Köstlichkeiten. Zeitweise bekommt man auch frische Weinblätter.

Zitronensalz (oder Zitronensäure)
Eine weitere Zutat, die die Vorliebe der türkischen Küche für säuerliche Geschmacksrichtungen bezeugt. Die Kristalle bekommen Sie bei uns am einfachsten in der Apotheke. Sie können aber auch statt dessen Zitronen- oder Lemonsaft verwenden.

Brot, Fladen und Gebäck

Brot ist in der Türkei unverzichtbar, es wird zu annähernd jedem Gericht gereicht und bestimmt das Frühstück ebenso wie das erste Fastenbrechen nach Sonnenuntergang im Ramadan. Frisch gebackenes Brot ist ohne Zutaten ein Genuß für sich, altes Brot wurde früher nie weggeworfen, sondern für Suppen, Soßen oder Nachspeisen weiterverwendet. Jede Region hat ihre eigenen Brot- und Fladenspezialitäten. Bei einigen wollen wir Ihnen hier zeigen, wie Sie selbst zum erfolgreichen Bäcker werden. Würziges Gebäck ist eine weitere Spezialität der türkischen Küche. Es wird in vielen Formen und Varianten liebevoll zubereitet und meistens zum Tee serviert.

Fladenbrot
Pide

Pide, das mit Sesam und Schwarzkümmelsamen bestreute türkische Fladenbrot, backte früher jede Hausfrau selbst, in der Regel täglich. Heute macht man sich diese Arbeit nur noch für Festtage.

1 Würfel Hefe
500 g Weizenmehl
150 ml lauwarmes Wasser
1 gehäufter TL Salz
1 Eigelb
½ TL Honig oder Zucker
1 TL Oliven- oder Sonnenblumenöl
1 EL Sesam
½ TL Nigella (Schwarzkümmelsamen)

Hefe zerbröckeln und im Wasser lösen. Mit Salz und Mehl zu einem glatten Teig verrühren und kneten, bis er nicht mehr klebt, zugedeckt an einem warmen Ort 20 Minuten stehen lassen. Ein Backblech buttern, die Arbeitsfläche bemehlen, Eigelb, Öl sowie Honig/Zucker gründlich miteinander verrühren. Backofen auf 200 °C vorheizen. Teig auf der Arbeitsfläche zu einem ovalen (oder auch runden) Fladen ausziehen, in der Mitte flacher formen, mit den Fingern Vertiefungen eindrücken, aufs Blech legen, mit der Eigelbmischung bestreichen, mit Sesam und Nigella bestreuen und in 10 bis 15 Minuten goldbraun backen.

Weißbrot
Günlük Ekmek

Günlük Ekmek heißt übersetzt „tägliches Brot" – entsprechend einfach ist sein Teig. Sie können ihm jede beliebige Form geben, das Rezept ähnelt unseren deutschen Brötchen/Semmeln.

(Für 1 Laib Brot)
20 g Hefe (½ Hefewürfel)
½ TL Zucker oder Honig
150 ml lauwarme und 2 EL Milch
500 g Weizenmehl, Type 550
1 TL Salz · 200 ml Wasser

Hefe zerbröckeln und mit Zucker/Honig in der lauwarmen Milch auflösen, 10 Minuten an einem warmen Ort stehen lassen. Mehl und Salz mischen, Wasser und Hefemilch zugeben und gründlich zu einem glatten Teig verkneten. Zugedeckt an einem warmen Ort etwa eine Stunde gehen lassen, bis sich die Menge verdoppelt hat. Teig noch einmal durchkneten und zu einem länglichen Laib (oder jeder anderen gewünschten Form) formen.

Backblech mit Mehl bestäuben, Laib darauflegen und mit einem feuchten Geschirrtuch abdecken. Wieder auf die doppelte Größe gehen lassen. Backofen auf 200 °C vorheizen. Gegangenen Laib mit einem scharfen Messer einschneiden, mit 2 EL Milch bepinseln und 30 bis 40 Minuten nach Belieben goldbraun bis kräftig braun backen.

Maisbrot
Mısır Ekmeği

Maismehl wird vor allem im Nordosten der Türkei oft anstelle von Weizenmehl verwendet. Prinzipiell sind die Mehle bei jedem Rezept austauschbar, die Attraktivität von Maismehl besteht in seiner appetitlichen gelben Farbe.

(Für 1 Laib Brot)
10 g Hefe (¼ Würfel)
½ TL Zucker oder Honig
50 ml lauwarme Milch
150 g Maismehl
200 g Weizenmehl, Type 550 oder 1050
1 TL Salz
200 ml Wasser

Hefe zerbröckeln und mit Zucker/Honig in der lauwarmen Milch auflösen, 10 Minuten an einem warmen Ort stehen lassen.

Mehle und Salz mischen, Wasser und Hefemilch zugeben und zu einem glatten Teig gründlich verkneten. Zugedeckt an einem warmen Ort etwa eine Stunde gehen lassen, bis sich die Menge verdoppelt hat. Teig noch einmal durchkneten und zu einem länglichen Fladen formen. Backblech mit Mehl bestäuben, Fladen darauflegen und zugedeckt wieder auf die doppelte Größe gehen lassen. Backofen auf 225 °C vorheizen. 30 bis 40 Minuten goldbraun backen.

Kandilkringel
Kandil Simidi

Dieses Gebäck wird traditionell an den fünf Kandil-Feiertagen gebakken.

(20 Stück)
10 g Hefe (1/4 Würfel)
1 TL Honig
2 EL lauwarme Milch
250 g Mehl
1 TL Salz
je 2 EL Olivenöl und Joghurt
100 g zerlassene, abgekühlte Butter
1 EL Mahlebpulver
1 Ei und 1 Eigelb
20 g Butter
25 g Sesam

Hefe und Honig in der Milch lösen, an einem warmen Ort gehen lassen, mit allen Zutaten außer Eigelb und Sesam zu einem geschmeidigen Teig verkneten, an einem warmen Ort zu doppelter Größe gehen lassen. Backblech buttern. Teig in 20 Teile schneiden, jedes Stück zu einer Rolle rollen, zu einem Kringel formen, auf das Backblech legen, zugedeckt wieder zu doppelter Größe gehen lassen. Backofen auf 200 °C vorheizen, Eigelb mit 1 EL lauwarmem Wasser verrühren, Kringel damit bestreichen, mit Sesam bestreuen, in 20 Minuten goldgelb bakken.

Sesamkringel
Susamlı Simit

Sesamkringel gibt es in der Türkei zum Frühstück oder am Nachmittag zum Tee, doch dieses Gebäck ist nicht süß. Die Türken essen mit Vorliebe Schafskäse dazu.

(8 Stück)
500 g Weizenmehl
1/2 Würfel Hefe
250 ml lauwarmes Wasser
50 g Butter
1 TL Salz · 1 Ei
Sesam zum Bestreuen

Butter schmelzen und wieder abkühlen lassen. Hefe zerbröckeln und im Wasser lösen, zusammen mit Salz und Butter zum Mehl geben, glattkneten, zugedeckt an einem warmen Ort eine Stunde gehen lassen.

Backblech buttern. Eine Schüssel mit handwarmem Wasser neben die Arbeitsfläche stellen. Teig in acht Teile schneiden. Jedes Stück zu einer Rolle rollen, zu einem Ring formen, kurz ins Wasser tauchen und aufs Backblech legen. Ein Ei gründlich verrühren, die Kringel damit bestreichen, mit Sesam bestreuen und an einer warmen Stelle eine Viertelstunde stehen lassen. Backofen auf 175 °C vorheizen. In 20 bis 30 Minuten goldgelb backen.

Würziges Gebäck
Çörek

20 g Hefe (½ Würfel)
1 TL Honig
2 EL lauwarme Milch
250 g Mehl
125 g Butter, zerlassen und abgekühlt
je ½ TL Zimt, Mahlebpulver und Nelkenpulver
1 TL Salz
1 Ei und 1 Eigelb
20 g Butter für das Backblech
je ½ TL Sesam und Nigella (Schwarzkümmelsamen)

Hefe und Honig in Milch lösen, an einem warmen Ort gehen lassen, mit allen Zutaten außer Eigelb, Sesam und Nigella zu einem geschmeidigen Teig verkneten, an einem warmen Ort zugedeckt zu doppelter Größe aufgehen lassen. Backblech fetten, Teig auf einer bemehlten Arbeitsfläche zu Backblechgröße ausrollen, auf das Backblech legen, Eigelb mit einem Eßlöffel lauwarmem Wasser verrühren, den Teig damit bestreichen, mit einem scharfen Messer in Rauten oder Dreiecke schneiden, mit Sesam und Nigella bestreuen, zugedeckt 15 Minuten gehen lassen. Backofen auf 200 °C vorheizen, Teig noch einmal schneiden, 20 Minuten goldgelb backen, leicht abkühlen lassen, in Einzelteile zerbrechen, mit einem Küchentuch bedeckt auskühlen lassen.

Pfannkuchen
Gözleme

170 g Mehl
1 Prise Salz
1 Ei
70 ml Wasser
150 g Butter, davon
75 g zerlassen

Mehl auf die Arbeitsfläche geben, in die Mitte eine Vertiefung drücken, Ei, Salz, Wasser und einen Teelöffel von der zerlassenen Butter hineingeben, zu einem geschmeidigen Teig kneten, im Kühlschrank 10 Minuten ruhen lassen. Teig in sechs Teile schneiden, auf der bemehlten Arbeitsfläche dünn ausrollen, mit der zerlassenen Butter bestreichen, zu sechs Rollen formen und im Kühlschrank 15 Minuten abkühlen lassen. Jedes Röllchen wieder mit dem Nudelholz zu einem dünnen Fladen ausrollen, in Butter ausbacken.

Pfannkuchen, ganz dünn
Yufka

Yufka sind ganz dünne, ungesüßte Fladen, die geschichtet, gefüllt und gerollt werden. Man kann sie getrocknet aufbewahren und kurz vor der Verwendung mit Wasser besprengen und dadurch wieder weich machen. Riesige Yufkablätter bekommt man in den türkischen Fachgeschäften. Frisch zubereitet schmecken Yufka am besten. Im Idealfall benutzt man eine Backplatte wie für französische Crepes oder eine große gußeiserne Pfanne.

120 g Mehl, Type 1050
1 EL Vollkornmehl
½ TL Salz
100–125 ml Wasser

Die Zutaten fest verkneten und die volle Wassermenge nur zugeben, wenn der Teig zu hart ist. Teig in 12 Portionen teilen und zugedeckt 30 Minuten ruhen lassen. Auf einer bemehlten Arbeitsfläche zu möglichst dünnen Fladen ausrollen, ohne Fett auf der Backplatte backen.

Joghurt und Käse

Joghurt dürfte neben Kaffee das einzige deutsche Wort sein, das aus dem Türkischen kommt. Zentraltürkische Nomaden machten Joghurt, weil er länger haltbar ist als Milch. Bis heute essen die Türken sehr viel Joghurt: pur, mit Honig, Konfitüre oder Obst. Er findet in zahlreichen Rezepten Verwendung: von der Vorspeise und Suppe über Hauptgerichte bis hin zum Dessert und Joghurtgetränk. Auch Käse verwenden und essen die Türken gern und viel. Allerdings hat sich erstaunlicherweise nicht die große Sortenvielfalt entwickelt wie wir sie beispielsweise aus Italien oder Frankreich kennen.

Joghurt

Sıvı Tas Yoğurt

1 Liter frische Vollmilch
4 EL Joghurt (aus dem Kühlfach, keinen haltbaren)

Die Milch aufkochen, einige Minuten köcheln, in eine Schüssel füllen und auf 40 bis maximal 42 °C wieder abkühlen lassen. Joghurt mit dem Schneebesen in die Milch einrühren. Die Schüssel in eine warme Decke oder noch besser in eine Isoliertasche einpacken und an einem warmen Ort 10 bis 20 Stunden stehen lassen. Zum Abkühlen und Ausreifen in den Kühlschrank stellen.

Schon an der Zeitangabe von 10 bis 20 Stunden sehen Sie, daß Joghurt sehr unterschiedlich schnell reift. Je besser die Temperatur gehalten wird, desto schneller vermehren sich die Joghurtkulturen. Wichtig ist, daß der Joghurt, den Sie einrühren, dieselbe Fettstufe hat wie die verwendete Milch. Also keinen Magerjoghurt auf Vollmilch mit bis zu 3,8 Prozent Fett geben.

Einfacher und sicherer stellen Sie Ihren eigenen Joghurt mit einer Joghurtmaschine her. Die Maschine ist nichts anderes als eine Warmhalteplatte, die den Inhalt der Gläser auf gut 40 °C hält und damit den Reifeprozeß optimiert und beschleunigt.

Joghurtsoße mit Eiern

Yoğurtlu Yumurta

125 g Butter
3 frische Eier
100 ml Milch
300 g Joghurt

Butter schmelzen und abkühlen lassen. Eier mit dem Handmixer verquirlen und mit allen anderen Zutaten gründlich weiterschlagen. Paßt zu vielen Gemüse- und Fleischgerichten.

Fester Joghurt
Süzme Yoğurt

Normaler türkischer Joghurt ist so fest wie handelsüblicher deutscher Joghurt. Um auch dem selbstgemachten Joghurt diese Festigkeit zu verleihen, geben Sie der kochenden Milch ein bis zwei Eßlöffel Milchpulver zu.

Den festen, cremigen Süzme Yoğurt erhalten Sie, indem Sie fertigem Joghurt das Wasser entziehen: Geben Sie den Joghurt in ein dünnes Küchentuch oder ein Käseleinen, knüpfen Sie die Ecken zu einem Beutel zusammen und hängen ihn über eine große Schüssel oder das Waschbecken. Je mehr Stunden Sie ihn so abtropfen lassen, desto trockener wird er. Vier Stunden sind das Minimum, über Nacht wird der Joghurt sehr fest und intensiv im Geschmack. Zum Weiterverarbeiten müssen Sie dann eventuell noch Flüssigkeit zugeben.

Joghurtsoße mit Knoblauch
Sarimsakli Yoğurt

Paßt zu vielen Gemüse- und Fleischgerichten und dient als Grundlage für das berühmte Cacık.

500 g Süzme Yoğhurt
5 Knoblauchzehen
etwas Salz

Die Knoblauchzehen schälen und mit dem Salz im Mörser ganz fein pürieren. Gründlich mit dem Joghurt verrühren.

Minzjoghurt
Haydari

Diese Creme können Sie auf einer Vorspeisenplatte servieren oder einfach als Zwischengang zusammen mit Brot reichen.

300 g Süzme Yoğurt
6 Knoblauchzehen, gepreßt
3 EL gehackte Minze
Salz nach Belieben

Joghurt mit Knoblauch glatt verrühren. Minze zugeben und eventuell mit Salz abschmecken.

Weißer Käse

Beyaz Peynir

250 ml Abtropfflüssigkeit aus der Herstellung von Süzme Yoğurt
500 ml frische Vollmilch

Das Joghurtwasser und die Milch in zwei getrennten Töpfen zum Kochen bringen, je zwei Minuten kochen, Joghurtwasser in die kochende Milch gießen, den Herd ausmachen, Mischung stehen lassen, bis sie gerinnt, nicht mehr rühren. Ein Sieb mit einem Tuch auslegen, Mischung vorsichtig hineingießen, Tuch zu einem Beutel knoten und an einem Stab oder Kochlöffel über eine Schüssel oder das Waschbecken hängen.

Mindestens sechs Stunden oder am besten über Nacht abtropfen lassen. Diesen Frischkäse können Sie am nächsten Morgen zum Frühstück genießen. Schmeckt mit Honig, Konfitüre oder leicht gesalzen.

Tip: Ist Ihnen dieser Frischkäse durch zu langes Abtropfen zu fest geraten, können Sie ihn mit Sahne oder Joghurt geschmeidig rühren.

Gebackener Käse

Peynirli Güveç

200 g Beyaz Peynir – gekauft oder selbstgemacht
Je 1 EL gehackte Pinienkerne und Petersilie

Käse mit den Pinienkernen und der Petersilie mischen, in eine kleine feuerfeste Form geben und bei 200 °C im Backofen backen, bis er braun wird. Heiß mit Pide servieren.

Käse in Weinblättern
Yaprak Sarması

Diese leckeren Happen sollten Sie unbedingt über dem offenen Feuer grillen.

20 Weinblätter
200 g Beyaz Peynir oder Fetakäse
1 Zitrone, geviertelt

Frische Weinblätter zwei Minuten in kochendes Wasser geben und abschrekken, eingelegte Weinblätter in einer großen Schüssel wässern und dann unter fließendem Wasser abspülen. Den Käse in 20 längliche Stücke schneiden, in die Weinblätter einwickeln und auf Spieße stecken. Dann grillen, bis die Weinblätter kross sind, mit Zitrone beträufeln und sofort heiß genießen.

Käsesalat
Peynir Salatsı

250 g Beyaz Peynir in Stükken (oder kleine runde Ziegenkäselaibchen)
500 ml Olivenöl
2 rote Chilischoten, entkernt und geachtelt
2 Knoblauchzehen, geschält
je 1 EL Minze und Salbei grob geschnitten
4 Lorbeerblätter
1 Zitrone, geviertelt

Die Käsestücke mit Kräutern, Chili und Knoblauch mischen, in ein passendes Glas geben, mit Öl bedecken und mindestens 24 Stunden ziehen lassen. Am Tisch mit Zitronensaft beträufeln.

Tip: In ein schönes Glas mit Schnappverschluß gefüllt, können Sie den in Öl marinierten Käse auch verschenken. Er hält sich ungeöffnet monatelang.

Quark
Çökelek

500 g Joghurt
1 TL Salz

Joghurt mit Salz fein verrühren und zum Kochen bringen, auf kleinster Stufe etwa 15 Minuten ziehen lassen, bis der Joghurt geronnen ist. Ein Sieb mit einem Tuch auslegen, Mischung hineingießen, Tuch zu einem Beutel knoten und an einem Stab oder Kochlöffel zum Trocknen über eine Schüssel oder das Waschbekken hängen. Mindestens sechs Stunden oder über Nacht abtropfen lassen. Das ergibt etwa 100 g sehr festen Quark.

Quark mit Paprika
Çökeleklı Biber Kavurmasi

Diese Creme ist ausgesprochen vielseitig. Sie schmeckt warm und kalt zu Fleisch und Gemüse, bereichert die Vorspeisenplatte und paßt als Brotaufstrich.

250 g Çökelek oder
Quark 40%ig
1 rote Paprikaschote
2 EL Olivenöl
1 EL gehackte Petersilie
1 TL grobes Paprikapulver
evtl. Salz (wenn Sie Quark verwenden)

Paprika bei 200 °C unter den Grill des Backofens legen, nach 10 Minuten wenden, nach 20 Minuten müßte die Haut angebrannt und blasig sein. Kurz unter kaltem Wasser abschrecken, häuten, Strunk und Kerne entfernen, Fruchtfleisch fein würfeln, im Öl etwa 10 Minuten dünsten, Quark zugeben und bei kleiner Hitze unter Rühren einige Minuten weiterdünsten, mit Paprikapulver und eventuell mit Salz würzen. In einer Schüssel heiß oder kalt, mit Petersilie bestreut, servieren.

Kalte Vorspeisen

Eine unüberschaubare Vielfalt an kalten Vorspeisen kennt die türkische Küche. Der Gast wird mit ihnen ausführlich verwöhnt und es ist kein Kunststück, sich an den leckeren Häppchen satt zu essen. Wenn Sie also nur wenige Gäste haben und den Aufwand nicht scheuen, können Sie auch einfach nur zur bunten Vorpeisentafel bitten – vielleicht mit selbstgebackenem Fladen- oder Weißbrot? Traditionell gehört Rakı, der Anisschnaps, dazu. Deshalb spricht man auch von der festlichen Rakı-Tafel. Vorteil der kalten Häppchen: Viele lassen sich vorher vorbereiten, manche, zum Beispiel die gefüllten Weinblätter, halten sich tagelang im Kühlschrank frisch.

Spinatbällchen
Ispanak Köftesi

400 g frischer Spinat
100 ml Fleisch- oder Gemüsebrühe
je 1 TL Salz und frisch gemahlener schwarzer Pfeffer
Sarimsakli Yoğurt, Rezept Seite 25

Spinat waschen, dicke Stiele entfernen und in die kochende Brühe geben. In etwa 20 Minuten weichdünsten, abgießen, auspressen, fein hacken, salzen, pfeffern und zu teelöffelgroßen Bällchen formen. Joghurtsoße zubereiten und über die Spinatbällchen gießen.

Gefüllte Weinblätter I
Yalancı Asma Yaprağı Sarması

Mit Reis gefüllte Weinblätter formt man zu dünnen Röllchen, mit Hackfleisch gefüllte zu dicken, kürzeren Rollen.

(10 Personen)
Yalancı Dolma, Rezept Seite 108 siehe Kapitel Gemüse
200 g frische oder eingelegte Weinblätter
200 ml Wasser
1 ungespritzte Zitrone in Scheiben
1 TL Salz

Frische Weinblätter zwei Minuten in kochendes Wasser geben und abschrekken, eingelegte Weinblätter in einer großen Schüssel wässern und dann unter fließendem Wasser abspülen. Mit zwei bis drei Blättern den Boden eines schweren Topfes bedecken. Dann alle Weinblätter bis auf zwei oder drei mit der Gemüsemischung füllen: 1 EL auf ein Weinblatt geben, Weinblatt rechts und links einschlagen, vom Stiel her aufrollen. Gefüllte Weinblätter dicht aneinander in einen Topf schichten. Salz darüberstreuen, Wasser darübergießen, Zitronenscheiben darüberlegen, mit den restlichen Weinblättern abdecken, mit einem hitzebeständigen Teller beschweren, zum Kochen bringen und bei geschlossenem Deckel etwa eine Stunde garen. Im Topf erkalten lassen, die weichen Zitronenscheiben anschließend als Dekoration verwenden.

Gefüllte Weinblätter II
Zeytinyağlı Yaprak Dolması

50 g Korinthen
1 große Zwiebel, fein gehackt
200 ml Olivenöl
150 g Langkornreis
100 g Pinien- oder Sonnenblumenkerne
je 1 TL Zimt und Salz
2 EL gehackte Petersilie
1 ungespritzte Zitrone

Die Korinthen 30 Minuten in lauwarmem Wasser einweichen, abgießen. Zwiebeln in 100 ml Olivenöl anbraten, Reis, Korinthen, Pinienkerne, Zimt, Salz und Petersilie zugeben, anbraten, nach und nach 300 ml Wasser angießen, zugedeckt 30 Minuten köcheln, dann verfahren wie oben beschrieben, nur zusätzlich 100 ml Olivenöl zum Kochen über die Weinblätter gießen. Mit Zitronensaft beträufeln.

Artischocken in Olivenöl
Zeytinyağlı Enginar

Dieses Gericht ist der Traum jedes Kochanfängers: Es gelingt leicht und schmeckt sehr fein.

4 Artischocken
4 Frühlingszwiebeln, in feine Scheibchen geschnitten
100 ml Olivenöl
1 EL Zitronensaft
Prise Salz
1 EL gehackter Dill
1 Zitrone, geviertelt

Die Artischockenböden freilegen: Äußere harte Blätter abzupfen, die oberen harten Blattspitzen und Heu abschneiden, die äußere harte Stengelrinde abschälen, den fleischigen Kern stehen lassen, wenn die Artischocken sehr groß sind, halbieren oder vierteln. Mit 100 ml Wasser, Öl und Zitronensaft eine halbe Stunde zugedeckt köcheln, leicht salzen, Dill zugeben und eine weitere halbe Stunde fertiggaren. Abkühlen lassen und am Tisch mit Zitronensaft beträufeln.

Weizengrütze mit Tomaten
Kısır

Kısır ist ein frisches Gericht, das überwiegend nachmittags zum Tee gereicht wird. Es macht sich aber auch auf der Vorspeisenplatte gut.

150 g feine Weizengrütze (Bulgur)
je ½ TL Salz und Paprikapulver
500 g Tomaten
1 Zwiebel, gerieben
1 kleine, hellgrüne Paprikaschote, gehackt
1 Knoblauchzehe, gepreßt
je 2 EL gehackte Petersilie und Minze
1 EL Grenadinesirup (oder Zitronensaft)
3 EL Olivenöl

150 ml kochendheißes Wasser in die Grütze gießen und sofort miteinander verstampfen, Salz und Paprika zugeben, stehen lassen. Tomaten kurz in kochendes Wasser geben, häuten, Strünke herausschneiden und fein würfeln. Alle Zutaten in die Grütze geben und vermischen.

Bohnenpüree
Fava

200 g getrocknete Bohnen
1 Zwiebel, fein geschnitten
4 EL Olivenöl
1 TL Zucker oder Honig
1 TL Salz
600 ml Wasser
2 EL Zitronensaft und gehackter Dill
Oliven zum Dekorieren

Die Bohnen über Nacht einweichen, am Kochtag unter fließendem Wasser abbrausen. Zwiebeln in 2 EL Olivenöl glasig dünsten, Bohnen, ½ TL Salz und Zukker/Honig zugeben, mit Wasser aufgießen, zum Kochen bringen und 1 Stunde köcheln (im Schnellkochtopf: 20 Minuten). Die Flüssigkeit sollte nahezu aufgesogen, die Bohnen sollten geplatzt sein. Durch ein Sieb streichen oder mit dem Mixstab pürieren, nochmal kurz aufkochen, in einer Servierschüssel auskühlen lassen. Aus je 2 EL Zitronensaft, Olivenöl und Dill eine sämige Soße rühren, über die Fava gießen.

Tip: Sie können die warme Fava auch in einem flachen Hügel auf eine Platte geben, auskühlen lassen, in Scheibchen schneiden, schuppenförmig auf einer Platte anrichten und mit der Soße servieren.

Auberginenpüree
Patlıcan Ezmesi

Für Auberginenpüree gibt es reihenweise Rezepte. Beispielsweise können Sie beim nachfolgenden Rezept auch Tomaten und Paprika weglassen. Das Püree schmeckt dann milder. Weitere Rezepte finden Sie im Kapitel „Warme Vorspeisen“, Seite 41.

2 Auberginen
2 Fleischtomaten
1 milder grüner Paprika
1 mittelscharfer grüner Spitzpaprika
1 Peperoni
4 EL Öl
2 Knoblauchzehen, gepreßt
je 1 TL Salz und Paprikapulver
2 EL Zitronensaft

Alle Gemüse in den auf 200 °C vorgeheizten Backofen unter den Grill legen, bis die Haut aufspringt oder blasig wird. Das dauert etwa 10 bis 20 Minuten, Auberginen und Paprika dabei auch wenden. Die Gemüse sorgfältig häuten, Paprika und Peperoni entkernen, von Tomaten und Auberginen die Strünke entfernen, kleinhacken und gründlich mit den restlichen Zutaten verrühren oder einfacher zusammen mit allen Zutaten mit dem Mixstab pürieren. Auskühlen lassen. Schmeckt pur mit Fladenbrot oder zu gegrilltem Fleisch.

Karottenpüree
Havuç Ezmesi

1 Zwiebel, gerieben
2 EL Olivenöl
500 g Karotten, in Scheiben geschnitten
je ½ TL Salz und gemahlener Kreuzkümmel
1 TL Zucker/Honig
2 EL Zitronensaft
200 g Süzme Yoğurt
½ TL Salz
1–3 Knoblauchzehen, gepreßt
2 EL gehackte Minze oder Petersilie

Zwiebeln im Olivenöl glasig dünsten, Karotten zugeben, kurz anbraten, Salz, Zucker/Honig, Kümmel und einen Eßlöffel Zitronensaft zugeben, zugedeckt bei schwacher Hitze 30 Minuten ganz weich dünsten. Heiß durch ein Sieb passieren, auf einen großen Teller geben und in der Mitte eine Mulde formen. Joghurt mit restlichem Zitronensaft, ½ TL Salz und Knoblauch glattrühren, in die Mulde geben. Kräuter darüberstreuen, lauwarm oder kalt servieren.

Tip: Sie können auch alle Zutaten zu einem zartorangen Karottenpüree vermischen, dann allerdings nur 100 g Süzme Yoğurt verwenden.

Kichererbsenpüree
Humus

Kichererbsenpüree darf auf keiner Vorspeisentafel fehlen. Seine Zubereitung dauert zwar lange, macht aber eigentlich nicht viel Arbeit und ist auch gar nicht schwer.

250 g Kichererbsen
250 g Tahın (Sesampaste)
8 EL Zitronensaft (2–3 Zitronen)
1 TL Salz
2–6 gepreßte Knoblauchzehen, je nach Knoblauchvorliebe
2 TL Paprikapulver
6 EL Olivenöl

Kichererbsen über Nacht in reichlich Wasser einweichen. In frischem Salzwasser eine Stunde (im Schnellkochtopf: 20 Minuten) kochen, in ein Sieb abgießen und durch das Sieb streichen. Diese mühsame Arbeit geht in einem großen Mörser besser, und am einfachsten arbeiten Sie mit einem leistungsfähigen Pürierstab. Wenn Sie über letzteren verfügen, können Sie Tahın, Zitronensaft, Knoblauch und je einen Teelöffel Salz und Paprika gleich zusammen ins Mixgefäß geben. Ansonsten rühren Sie diese Zutaten unter die feinen Kichererbsen. Öl mit einem Teelöffel Paprika verrühren und über das in einer flachen Schüssel angerichtete Püree gießen.

Tip: Sie können Humus mit ½ TL gemahlenem Kümmel verfeinern und 1 EL gehackte Petersilie sowie ¼ TL Haspir oder Safranblüten über das Gericht streuen.

Scharfes Tomatenpüree
Acı Domates Ezmesi

Dieses fruchtige Mus paßt zur Vorspeisenplatte, als Brotaufstrich und zu gegrilltem Fleisch.

300 g Fleischtomaten
2 EL Olivenöl
1 Zwiebel, fein geschnitten
½ unbehandelte Zitrone
3 Knoblauchzehen, gepreßt
2 kleine grüne Peperoni (scharf), in feine Ringe geschnitten
1 TL Zucker oder Honig
je ½ TL Salz und frisch gemahlener schwarzer Pfeffer
je 1 EL gehackte Minze und Petersilie

Tomaten kurz in kochendes Wasser geben, häuten, Strünke und Kerne entfernen, würfeln. Öl erhitzen, Zwiebeln andünsten, Zitrone auspressen und Schale abreiben, mit dem Knoblauch zu den Zwiebeln geben, weiterdünsten. Tomaten und Peperoni unterrühren und so lange dünsten, bis die Flüssigkeit verdampft ist. Vom Herd nehmen, mit Honig/Zucker, Kräutern, Salz und Pfeffer würzen, erkalten lassen, mit einem Minze- oder Petersilienzweig garnieren.

Tip: Sie können dieses Püree auch kalt zubereiten. Verwenden Sie statt der Tomaten 4 EL Tomatenmark und hacken Sie Zwiebel und Peperoni ganz fein.

Eingelegtes Gemüse
Karışık Turşu

Eingelegte Gemüse und Früchte sind in der Türkei sehr beliebt. Das Einlegen ist ganz einfach, Sie müssen nur darauf achten, daß die Früchte relativ dicht liegen und während der Reifezeit immer mit Essig bedeckt bleiben. Das Gefäß sollte fast randvoll gefüllt werden und verschließbar sein. Gut eignen sich Weckgläser mit Schnappverschluß.

500 ml Weißweinessig
1 EL Salz
500 g hellgrüne Spitzpaprika
500 g kleine Einlege-Gurken
500 g grüne Tomaten
500 g Schalotten
1 Knoblauchknolle
500 g kleine Zucchini
500 g Grün- oder Weißkohl
500 g Karotten
100 g Sellerie
einige frische Weinblätter

Salz im Essig lösen, beiseite stellen. Die Früchte folgendermaßen vorbereiten: Paprika, Gürkchen und kleine grüne Tomaten bleiben ganz und werden mit einem Zahnstocher mehrmals eingestochen. Größere grüne Tomaten halbieren oder vierteln. Schalotten und Knoblauchzehen schälen und einmal mit einem Zahnstocher durchstechen. Zucchini in knapp einen Zentimeter dicke Scheiben schneiden. Kohl in Streifen schneiden. Karotten und Sellerie stifteln. Boden des Gefäßes mit Weinblättern bedecken, Früchte dicht einschichten, mit den kleinen immer die Lücken zwischen den großen ausfüllen, mit Essig aufgießen, daß die Früchte ganz bedeckt sind, mit einem Teller beschweren, daß kein Gemüse aufsteigen kann, verschließen und zwei bis drei Wochen durchziehen lassen.

Tip: Folgende weitere Sorten können Sie sauer einlegen: unreife Aprikosen (halbiert und entsteint), Quitten (geviertelt und entkernt), Kornelkirschen (ganz, eingestochen), Peperoni (ganz, eingestochen) und Champignons (ganz, eingestochen).

Bulgur-Küchlein
Batırık

Diese walnußgroßen Häppchen reicht man entweder nachmittags vor dem Tee oder legt sie auf die Vorspeisenplatte.

100 g feine Weizengrütze (Bulgur)
3 Frühlingszwiebeln, fein gehobelt
3 Knoblauchzehen, gepreßt
1 Peperoni, gehackt
2 EL Tomatenmark
1 EL Olivenöl
50 g Walnußkerne, Pinienkerne oder Sesam, gemahlen
je 1 EL gehackte Petersilie und Minze
je ½ TL Salz und frisch gemahlener schwarzer Pfeffer
kleine Salatblätter oder Tomatenscheiben
1 Zitrone, geviertelt

Alle Zutaten (außer Salatblättern und Zitronen) gründlich miteinander verkneten. Sollte die Masse zu trocken sein und nicht binden, eßlöffelweise kochendheißes Wasser zugeben. Mit dem Teelöffel kleine Bällchen abstechen, jeweils auf ein Salatblatt legen und in die Mitte ein Grübchen drücken. So servieren. Jeder Gast träufelt sich nach Belieben Zitronensaft über seine Küchlein.

Scharfe Tatarbällchen

Çiğ Köfte

Diese Spezialität der südöstlichen Türkei ist scharf-würzig, sehr beliebt und leider ausgesprochen anstrengend zuzubereiten.

250 g Bulgur fein (Weizengrütze)
250 g Tatar vom Lamm (beim Metzger extrafein bestellen)
1 EL Tomatenmark
2 Knoblauchzehen, fein durchgepreßt
je ½ TL scharfes Paprikapulver, Zimt, Ingwer, Piment, Cumin, Kümmel, schwarzer Pfeffer – alles gemahlen
1 TL Salz
3 Frühlingszwiebeln, fein gerieben
1 kleiner Bund Petersilie, fein gehackt
kleine grüne Salatblätter oder Petersilienblätter zum Anrichten
Grenadinesirup oder 1 Zitrone, geviertelt

Wenn Sie eine Getreidemühle haben, mahlen Sie die Weizengrütze noch feiner, das erleichtert und beschleunigt die Köfte-Herstellung. Tatar mit Bulgur mindestens zehn Minuten verkneten (geht natürlich auch in der Küchenmaschine), wenn die Masse zu trocken wird, Hände anfeuchten und weiterkneten. Gewürze, Knoblauch und Tomatenmark gründlich unterkneten, bis die Zutaten ganz fein miteinander vermengt sind, Frühlingszwiebeln und Petersilie gründlich kneten, kleine Bällchen, ovale Happen mit einer Mulde oder Röllchen formen, auf Salat- oder Petersilienblättern anrichten. Möglichst sofort servieren. Bei Tisch taucht man die Köfte in Grenadinesirup oder beträufelt sie mit Zitronensaft.

Warme Vorspeisen

Tomatensoße
Domates Salçasi

Diese Soße paßt zu vielen Gerichten, vor allem aber wird sie zu gebratenem oder gegrillten Gemüse auf dem Vorspeisenteller serviert.

400 g Tomaten
2 EL Olivenöl
4 Knoblauchzehen, gepreßt
2 EL Essig
je 1 TL Honig und Salz

Tomaten kurz in kochendes Wasser geben, häuten, Strünke herausschneiden, Kerne entfernen und fein würfeln. Im Olivenöl anbraten, Hitze auf kleinste Flamme zurückdrehen, die restlichen Zutaten zugeben und bei gelegentlichen Umrühren etwa eine halbe Stunde köcheln, bis die Tomaten zur Soße eingedickt sind.

Auberginen mit Joghurt
Yoğurtlu Patlıcan

3 Auberginen
Salz
Olivenöl
Sarimsakli Yoğurt, halbe Menge vom Rezept Seite 25
1 EL Zitronensaft

Auberginen gründlich waschen, in Streifen abschälen, schräg in ovale Scheiben schneiden, lagenweise salzen, 30 Minuten ziehen lassen. Sarimsakli Yoğurt zubereiten und mit Zitronensaft verrühren. Auberginen mit einem Küchentuch kräftig trockenreiben und in Olivenöl rasch hintereinander anbraten. Aus der Pfanne heraus auf einer Platte anrichten. Joghurt-Knoblauchsoße darübergeben oder separat dazu in Schüsselchen reichen. Schmeckt warm und kalt.

Auberginen, gefüllt mit Minzjoghurt
Anadolu Patlıcan

4 kleine Auberginen
4 EL Süzme Yoğurt
1 EL Grenadinesirup (oder Zitronensaft)
2 Knoblauchzehen, gepreßt
2 EL gehackte Minze
je ½ TL Salz und frisch gemahlener schwarzer Pfeffer

Den Backofen auf 200 °C vorheizen, die ganzen Auberginen 15 Minuten darin backen. Herausnehmen, halbieren, aber am Strunk zusammenhängen lassen, aufklappen, 30 Minuten backen. Restliche Zutaten glatt miteinander verrühren, in die heißen Auberginenhälften füllen und sofort servieren. Die Auberginen werden wie Folienkartoffeln ausgelöffelt.

Auberginenpüree, warm
Patlıcan Püresi

Dieses cremige Püree paßt warm und kalt gut zu gegrilltem Fleisch, eignet sich aber auch als warme und kalte Vorspeise.

4 Auberginen
40 g Butter
2 EL Mehl
200 ml Milch
je ½ TL Salz und frisch gemahlener schwarzer Pfeffer
2 EL Kaşarkäse (oder Parmesan/Greyerzer/Gouda mittelalt)

Backofen auf 200 °C vorheizen und die Auberginen 20 Minuten unter den Grill legen, bis sie blasig werden, dabei nach 10 Minuten wenden. Sorgfältig häuten, kleinhacken oder mit dem Mixstab pürieren. Butter mit Mehl anschwitzen, Milch nach und nach dazugießen und immer wieder glattrühren, damit keine Klümpchen entstehen, Auberginen zugeben und unter regelmäßigem Rühren 30 Minuten köcheln lassen. Von der Platte nehmen, mit Salz und Pfeffer würzen und Käse unterziehen.

Auberginenpüree mit Mandeln und Minze
Nazuktan

4 Auberginen
4 EL Mandeln, geschält und gehackt
4 EL Süzme Yoğurt
2 EL Zitronensaft
4 Knoblauchzehen, gepreßt
2 EL Pekmez
4 EL Minze, gehackt
je 1 TL Salz und frisch gemahlener schwarzer Pfeffer

Backofen auf 200 °C vorheizen und die Auberginen 20 Minuten unter den Grill legen, bis sie blasig werden, dabei nach 10 Minuten wenden. Gleichzeitig Mandeln auf ein Backblech legen und hellbraun rösten. Die Auberginen sorgfältig häuten, kleinhacken und mit den restlichen Zutaten zu einem glatten Püree verrühren oder einfacher die Zutaten zusammen mit dem Mixstab pürieren.

Heißes Kichererbsenpüree
Sıcak Humus

150 g Kichererbsen
3 EL Tahın
2–4 Knoblauchzehen, gepreßt
5 EL Olivenöl
3 EL Zitronensaft
1 TL Cumin
je ½ TL Salz und schwarzer Pfeffer, frisch gemahlen
20 g Butter
1 EL Pinienkerne
½ TL grobes Paprikapulver

Kichererbsen über Nacht in reichlich Wasser einweichen, in frischem Salzwasser eine Stunde (im Schnellkochtopf: 20 Minuten) kochen, in ein Sieb abgießen und durch das Sieb streichen. Diese mühsame Arbeit geht in einem großen Mörser besser, und am einfachsten arbeiten Sie mit einem leistungsfähigen Pürierstab. Wenn Sie über letzteren verfügen, können Sie Tahın, Zitronensaft, Knoblauch, den Kreuzkümmel, Salz und Pfeffer gleich zusammen ins Mixgefäß geben. Ansonsten rühren Sie diese Zutaten unter die durchgestrichenen Kichererbsen. Backofen auf 200 °C vorheizen. Humus in eine flache Auflaufform streichen, Butter schmelzen, mit Pinienkernen und Paprikapulver mischen, über den Humus geben und rund 20 Minuten backen, bis die Butter aufgesaugt ist. Schmeckt heiß serviert zu Pide.

Scharfes Auberginenpüree
Yalova Ezmesi

Das Gericht hat seinen Namen von der Stadt Yalova am Marmarameer. Im Original verwendet man die sehr scharfen, kleinen grünen Chilischoten dafür. Sie können auch auf mildere Peperoni oder Paprika ausweichen. Yalova Ezmesi wird warm zu Pide gegessen.

2 mittlere Auberginen
Salz · 100 ml Olivenöl
4 Frühlingszwiebeln, in feine Ringe gehobelt
2 scharfe grüne Chilischoten, in feine Ringe geschnitten
2 Knoblauchzehen, gepreßt
je 2 EL gehackte Petersilie und Dill
1 EL Zitronensaft
100 g Süzme Yoğurt
½ TL Salz

Die Auberginen in halbzentimeterdicke Scheiben schneiden, lagenweise salzen, 30 Minuten ziehen lassen, mit einem Küchentuch gründlich abtrocknen und in Öl vorsichtig zugedeckt weichdünsten, nicht braten. Weiche Auberginen aus dem Öl nehmen und Knoblauch, Zwiebeln und Chili kurz darin anbraten. Wenn Sie keinen Pürrierstab haben, zuerst die Auberginen fein zerdrücken, dann das angebratene Gemüse mit Olivenöl, Zitronensaft und den Kräutern gründlich verrühren und abschließend den Joghurt zugeben. Mit dem Pürierstab können Sie alle Zutaten auf einmal zermixen. Mit Salz und eventuell noch mehr Olivenöl abschmecken.

Paprika mit Zitronen-Knoblauch-Joghurt
Kızarmış Biber

600 g mittelscharfe, hellgrüne Spitzpaprika
Sarimsakli Yoğurt, halbe Menge vom Rezept Seite 25
2 EL Zitronensaft

Paprikaschoten über dem offenen Feuer oder im Backofen (200 °C) etwa 20 Minuten grillen, bis sie etwas schwarz und blasig werden. Sarimsakli Yoğurt zubereiten und mit Zitronensaft verrühren. Über die heißen Schoten geben, sofort servieren.

Maispüree
Haviç

200 g Joghurt
350 g Maismehl
1–2 TL Salz
150 g Butter
1 EL Paprikapulver

Joghurt mit 200 ml Wasser in einen Topf geben und unter ständigem Rühren mit dem Schneebesen zum Kochen bringen. Ein Viertel der Flüssigkeit beiseite stellen, in das restliche Joghurtwasser unter ständigem Rühren das Mehl geben, Herdplatte auf kleine Flamme drehen und so lange rühren, bis ein dicker Kloß entsteht. Jetzt allmählich wieder die beiseite gestellte Flüssigkeit zugeben, breiig rühren und mit Salz würzen. In eine Schüssel füllen. Butter mit Paprika im Topf kurz aufschäumen lassen, über das Maispüree gießen. Warm oder kalt servieren.

Knoblauchpilze
Sarmısaklı Mantar

250 g feste, junge Pilze
5 Knoblauchzehen, gepreßt
40 g Butter
je ½ TL Zucker oder Honig, Salz, schwarzer Pfeffer, Koriander, Piment und Muskatnuß, alles gemahlen
2 EL gemischte gehackte Kräuter (Basilikum, Majoran, Minze und/oder Petersilie)
1 Zitrone, geviertelt

Pilze säubern und größere Früchte in kleine Stücke schneiden. Alle Zutaten außer den Kräutern gemeinsam in den Topf geben, zugedeckt 10 Minuten dünsten, nur zweimal kurz aufmachen, um umzurühren. Sobald die Pilze zu glänzen beginnen, offen weiterdünsten bis die Flüssigkeit verdampft ist. Vom Herd nehmen, Kräuter unterheben, servieren. Am Tisch mit Zitronensaft beträufeln.

Sardellen in Weinblättern

Hamsi Sarması

Hamsi sind eine kleine Sardellenart, die an der Schwarzmeerküste viel gegessen wird. Hamsi bekommt man bei uns schwer, als Ersatz können Sie Sardinen nehmen, die so klein wie möglich sein sollten. Sie werden ganz gegessen.

24 frische oder eingelegte Weinblätter
16 frische, ausgenommene Sardellen
2 EL Olivenöl
2 EL Zitronensaft
2 Knoblauchzehen, gepreßt
je ½ TL Salz und gemahlener Sumach
1 Zitrone, geviertelt

Frische Weinblätter kurz in kochendes Wasser geben und abgießen. Eingelegte Weinblätter in kaltem Wasser einweichen, unter fließendem Wasser ausspülen. Die Sardellen ebenfalls unter fließendem kaltem Wasser waschen, abtrocknen. Boden eines großen flachen Topfes oder einer Pfanne mit Deckel mit vier weniger schönen Weinblättern bedecken. Jedes Fischlein in ein Weinblatt einrollen und so dicht nebeneinander auf den Boden der Form legen, daß sie sich nicht aufrollen können.

Olivenöl, Zitronensaft und Knoblauch über die Weinblätter geben, mit den restlichen vier Weinblättern bedecken und mit einem passenden, feuerfesten Teller beschweren. Zugedeckt schnell erhitzen und dann auf kleinster Flamme 10 Minuten dünsten. In einer feuerfesten Form können Sie die Sardellen auch im Backofen bei 175 °C in zehn Minuten backen. Mit Zitronenvierteln, Salz und Sumach servieren, das jeder am Tisch nach Belieben über die Hamsi streut und träufelt.

Tip: Sie können die Hamsiröllchen auch am Spieß grillen: Dafür Öl, Zitronensaft und Knoblauch zu einer Soße mischen, die Fischlein damit bestreichen, einwickeln und grillen bis die Weinblätter schön knusprig sind.

Gemüse mit Tomatensoße

Domateslı Karışık Kızartma

2 kleine Auberginen
2 grüne Paprikaschoten
2 Zucchini, gewürfelt
2 Kartoffeln, gewürfelt
Olivenöl
Domates Salçasi, Rezept Seite 40

Die Auberginen streifenweise schälen, schräg in knapp einen Zentimeter dicke ovale Scheiben schneiden, lagenweise salzen, 30 Minuten ziehen lassen, mit einem Küchentuch trockenreiben. Paprika bei 200 °C unter den Grill des Backofens legen, insgesamt 20 Minuten grillen, bis die Haut blasig ist, dabei einmal wenden. Paprika abschrecken, häuten, Strunk und Kerne entfernen und vierteln. Das Gemüse lagenweise in reichlich Olivenöl beidseitig braten. Schuppenweise auf einer Platte anrichten und im Backofen (100 °C) warm halten. Soße dekorativ an das Gemüse geben.

Tip: Dieses Rezept eignet sich hervorragend für eine Grillparty. Sie bereiten die Tomatensoße und die Gemüsescheiben vor. Dann kann jeder Gast in der Grillpfanne sein Wunschgemüse grillen.

Suppen

Entsprechend der deutschen Speisenfolge steht die Suppe (Çorba) meist am Anfang eines Mahls, mild, selten würzig, den Magen für die folgenden Köstlichkeiten öffnend. Nach einem festlichen Mahl ist es aber auch üblich, eine Verdauungssuppe zu servieren.

Paprikabutter

Paprikabutter wird zu vielen Suppen gereicht. Man kann sie am Ende der Kochzeit direkt in den Suppentopf geben oder man stellt die Paprikabutter an den Tisch, wo sich jeder nach Belieben davon in seine Suppe geben kann.

20/40 g Butter
1 TL/EL Paprikapulver

Paprika mit der Butter in einer kleinen Pfanne erhitzen, kurz aufschäumen lassen, sofort von der Platte nehmen.

Fleischbrühe

Et Suyu

Fleischbrühe dient als Basis vieler Suppen.

1 kg (Suppen- oder Kleinfleisch-) Knochen
2 Karotten, halbiert
1 (Stauden-)Sellerie, in grobe Stücke geschnitten
2 Zwiebeln, halbiert
4 Zweige Petersilie
1 TL ganze Pfefferkörner
2 Lorbeerblätter

Alle Zutaten in 2 Litern Wasser aufkochen, entstehenden Schaum abschöpfen, bei niedriger Hitze eine Stunde köcheln (im Schnellkochtopf: 15 Minuten).

Tarhanasuppe mit Hackfleisch
Tarhana Çorbası

Diese anatolische Spezialität gibt es in 1001 Variationen und manche Türken genießen sie bereits zum Frühstück. Tarhana gibt es fertig in türkischen Fachgeschäften zu kaufen.

30 g Butter
2 Zwiebeln
1–2 Knoblauchzehen
2 Fleischtomaten oder
1 kleine Dose (passierte) Tomaten
200 g Hackfleisch (Kalb, Lamm oder Hammel)
1 Liter Fleischbrühe
100 g Tarhana
2 TL Salz
Pfeffer und Paprikapulver nach Geschmack

Die Tomaten kurz in kochendes Wasser geben, abschrecken und häuten. Zwiebeln kleinschneiden und in der Butter andünsten. Knoblauch pressen, mit dem Hackfleisch dazugeben und kräftig anbraten. Tomaten in kleine Würfel geschnitten dazugeben, aufkochen lassen. Mit der Fleischbrühe aufgießen und zum Kochen bringen. Tarhana, wie es die Packungsanleitung beschreibt, zugeben. Manche Sorten muß man vorher mit Wasser anrühren, andere werden unter ständigem Rühren nach und nach zugegeben. Auch die Kochzeit nach der Packung richten, mindestens jedoch 10 Minuten. Immer wieder umrühren und am Ende mit Salz, Pfeffer und reichlich mildem Paprika abschmecken.

Tarhanasuppe, einfach
Tarhana Çorbası

50 g Tarhana
1 Liter Fleisch- oder Gemüsebrühe
1 TL Salz
1 EL Paprikapulver
50 g Schafskäse oder Kaşarkäse, zerbröckelt

Vier Stunden vor dem Essen Tarhana in 100 ml Fleischbrühe einweichen. Kurz vor dem Essen Fleischbrühe erwärmen, eingeweichtes Tarhana dazugeben, unter Rühren aufkochen, 10 Minuten köcheln, mit Salz und Paprika abschmekken. Am Tisch Käse darüberstreuen.

Hochzeitssuppe
Düğün Çorbası

Die Hochzeitssuppe gilt als türkische Nationalspeise.

250 g Lamm- oder Rindfleisch
40 g Butter
3 gehäufte EL Mehl
3 Eier
4 EL Zitronensaft
je 2 TL Salz und Paprikapulver

Fleisch in 1 ¼ Liter Wasser legen, zum Kochen bringen, etwa eine Stunde auf kleiner Flamme garköcheln, Fleisch in Würfel schneiden und beiseite stellen. Butter mit Mehl schmelzen, anschwitzen, nach und nach mit der Brühe aufgießen und dazwischen immer wieder glattrühren, 10 Minuten köcheln. Eier mit Zitronensaft fein verrühren und nach und nach einige Eßlöffel Brühe unterrühren. Fleisch in die Suppe geben, noch einmal aufkochen, vom Herd nehmen, wenn sie nicht mehr kocht, die Eimischung einrühren und mit Salz und Paprika abschmecken.

Mandelmilchsuppe
Sütlü Badem Çorbası

Dies ist eine besonders fein-milde Suppe, die zu einem erlesenen Mahl paßt.

100 g geschälte Mandeln
250 ml Milch
20 g Butter
3 EL Mehl
1 Liter Gemüse- oder Hühnerbrühe
1 TL Salz

Geschälte Mandeln fein reiben und in die Milch geben oder mit einem Pürierstab in der Milch pürieren. Mehl und Butter anschwitzen, Mandelmilch und dann die Brühe nach und nach dazugießen und immer wieder glattrühren, damit keine Klümpchen entstehen, salzen und 20 Minuten köcheln.

Joghurtsuppe

Yoğurt Çorbası

- *30 g Kichererbsen*
- *20 g Butter*
- *1 Zwiebel, fein geschnitten*
- *2 EL Mehl*
- *1 ¼ Liter Fleischbrühe (vom Rind oder Lamm)*
- *75 g Langkornreis*
- *2 TL Salz*
- *1 TL frisch gemahlener schwarzer Pfeffer*
- *500 g Süzme Yoğurt*
- *1 EL gehackte Minze oder*
- *1 TL Safranblüten*

Die Kichererbsen mindestens 6 Stunden, besser über Nacht einweichen. In frischem Wasser eine Stunde (im Schnellkochtopf: 20 Minuten) weichkochen, lose Schalen abschöpfen, Kichererbsen abgießen. Zwiebeln in Butter glasig dünsten, Mehl dazugeben und anschwitzen, nach und nach die Fleischbrühe dazugießen, immer wieder glattrühren, damit sich keine Klümpchen bilden, aufkochen. Gewaschenen Reis und Kichererbsen zugeben, 20 Minuten köcheln, bis der Reis weich ist. Suppe vom Herd nehmen, mit Salz und Pfeffer abschmekken. Joghurt in einer Schüssel mit einigen Eßlöffeln Suppe weich rühren, in die Suppe einrühren. Nicht mehr kochen, weil sonst der Joghurt ausflockt. Am Tisch mit gehackter Minze oder Safranblüten bestreuen.

Mehlsuppe mit Kräutern

Un Çorbası

Diese feine Suppe duftet einmalig und ist wegen der verwendeten Kräuter sehr bekömmlich.

- *40 g Butter*
- *je 1 EL Thymian, Petersilie und Minze, gehackt*
- *1 TL Paprika*
- *6 EL (Mais-)Mehl*
- *1 Liter Wasser, Gemüse- oder Fleischbrühe*
- *1 TL Salz*

Kräuter und Paprika in der Butter kurz erhitzen, Mehl zugeben und anschwitzen lassen, Wasser oder Brühe nach und nach zugießen und immer wieder glattrühren, damit keine Klümpchen entstehen, 10 Minuten kochen und mit Salz abschmecken.

Feine Gemüsesuppe

Ezme Sebze Çorbası

200 g Kartoffeln gewürfelt
2 Karotten, in Scheiben geschnitten
1 Stange Lauch, in Scheiben geschnitten
1 Zwiebel, gewürfelt
1–3 Zehen Knoblauch, in Scheibchen gehobelt
3 Stangen oder ½ Knolle Sellerie, gewürfelt
100 g Weißkohl, in Streifen geschnitten
1 Liter Gemüse- oder Fleischbrühe
20 g Butter
1 EL Mehl
je 1 TL Salz und frisch gemahlener Pfeffer
1 EL gehackte Petersilie oder Minze

Das Gemüse in der Brühe 20 Minuten kochen, abseihen. Butter mit Mehl anschwitzen, nach und nach mit der Brühe aufgießen und immer wieder glattrühren, damit keine Klümpchen entstehen. Das Gemüse in die Suppe passieren oder mit dem Pürierstab zermixen, mit Salz und Pfeffer abschmecken. Kräuter darüberstreuen.

Kartoffelsuppe
Patates Çorbası

500 g mehlige Kartoffeln, gewürfelt
1 TL Salz
20 g Butter
1 EL Mehl
½ TL Muskatnuß, gerieben
500 ml Fleisch- oder Gemüsebrühe
Paprikabutter von 20 g Butter, Rezept Seite 48

Kartoffeln in Salzwasser (½ Liter Wasser und 1 TL Salz) 15 Minuten kochen, Kochwasser abgießen und auffangen, Kartoffeln durch ein Sieb hineinpassieren oder mit dem Pürierstab zermixen. Mehl, Butter und Muskatnuß zusammen anschwitzen, mit der Fleischbrühe nach und nach aufgießen und immer wieder glattrühren, damit keine Klümpchen entstehen. Aufkochen, Kartoffelgemisch zugeben, unter Rühren aufkochen, mit Salz abschmecken. Die Paprikabutter dazugeben.

Kürbissuppe
Balkabağı Çorbası

2 Zwiebeln, fein geschnitten
1 Stange Lauch, in Rollen geschnitten
1 Knoblauchzehe, gepreßt
40 g Butter
je 1 TL Zimt, Piment und Honig oder Zucker
1 kg Kürbisfleisch, gewürfelt
1 Liter Fleischbrühe (vom Kalb oder Huhn)
2 TL Salz
1 TL frisch gemahlener schwarzer Pfeffer
100 g Süzme Yoğurt
Paprikabutter von 40 g Butter, Rezept Seite 48

Zwiebeln, Lauch und Knoblauch in der Butter glasig dünsten, Gewürze, Honig/Zucker und Kürbis zum Lauch geben, durchrühren, Brühe dazugießen und aufkochen, 45 Minuten köcheln, bis der Kürbis ganz weich ist, Suppe durch ein Sieb streichen oder mit dem Mixstab pürieren, Joghurt in die Suppe rühren oder erst am Tisch auf den Teller geben. Paprikabutter dazureichen.

Rote Linsensuppe
Mercimek Çorbası

2 Zwiebeln, gehackt
20 g Kuyrukyağı oder Butterschmalz
1–4 Knoblauchzehen, gepreßt
1 EL Mehl
1 Karotte, geraspelt
1 EL Tomatenmark
200 g rote Linsen
1 Kartoffel, gerieben
1 Liter Fleischbrühe (vom Lamm oder Kalb)
2 TL Salz
1 TL frisch gemahlener schwarzer Pfeffer
1 EL gehackte Petersilie und/oder Minze
Paprikabutter von 20 g Butter, Rezept Seite 48

Die Zwiebel und nach Geschmack Knoblauch in Fett andünsten, Mehl einrühren und anschwitzen, nach und nach die Brühe zugeben und immer wieder glattrühren, damit keine Klümpchen entstehen, zum Kochen bringen. Linsen waschen und mit Tomatenmark, Kartoffel und Karotte zur Suppe geben, 40 Minuten köcheln. Nach Belieben Suppe durch ein Sieb passieren oder Linsen ganz lassen. Kräuter unterrühren und etwas ziehen lassen. Paprikabutter dazureichen.

Tip: Statt der Paprikabutter paßt im Sommer auch 1 EL Süzme Yoğurt in die Suppe.

Suppe mit getrockneten Okraschoten

Kuru Bamya Çorbası

Für diese beliebte Suppe braucht man getrocknete Okraschoten, die in der Regel auf Fäden aneinandergereiht verkauft werden.

50 g Lamm- oder Hammelfleisch, fein geschnitten
1 große Zwiebel, fein gehackt
40 g Kuyrukyağı oder Butterschmalz
2 EL Tomatenmark
1 Liter Fleischbrühe (möglichst vom Lamm)
50 g getrocknete Okraschoten
4 EL saurer Traubensaft oder Zitronensaft
2 TL Salz
1 TL frisch gemahlener schwarzer Pfeffer

Fleisch und Zwiebeln im Fett anbraten, Tomatenmark einrühren und mit Brühe aufgießen, zum Kochen bringen und eine halbe Stunde köcheln. Okraschoten auf dem Faden in einem Küchentuch aneinander reiben, so daß damit die Härchen entfernt werden, unter fließendem Wasser abwaschen und in gesäuertem Wasser (2 EL Trauben- oder Zitronensaft) 20 Minuten kochen. Nochmals gründlich abwaschen, von den Fäden ziehen, mit dem restlichen Saft zur Fleischbrühe geben und 20 Minuten köcheln, mit Salz und Pfeffer abschmekken.

Schöne-Frauen-Suppe

Güzel Hanım Çorbası

250 g Hackfleisch (vom Rind oder Lamm)
1 große Zwiebel, halb gerieben, halb gehackt
1 Knoblauchzehe, gepreßt
2 TL Salz
½ TL Piment
40 g Butter
500 ml Fleischbrühe
1 TL frisch gemahlener schwarzer Pfeffer
50 g feine Suppennudeln
300 g Joghurt
1 EL Paprikapulver

Hackfleisch, geriebene Zwiebeln, Knoblauch, ½ TL Salz und Piment zu einem Teig vermischen und kleine Bällchen daraus formen. Gehackte Zwiebel in der Butter glasig dünsten, Fleischbrühe zugeben, mit Salz und Pfeffer würzen und zum Kochen bringen. Hackfleischbällchen hineinlegen, nach 5 Minuten Suppennudeln zugeben, in 5 Minuten weich köcheln, Suppe vom Herd nehmen. Joghurt mit Paprika und mehreren Löffeln Suppe nach und nach glattrühren und in die nicht mehr kochende Suppe einrühren.

Kuttelsuppe

Işkembe Çorbası

Kuttelsuppe ißt man in der Türkei meist als Verdauungssuppe, ähnlich der deutschen Gulaschsuppe auch als Mitternachtssuppe.

300 g Kutteln
2 EL Salz
25 g Butter
1 gehäufter EL Mehl
2 EL Zitronensaft
3–6 Knoblauchzehen, gepreßt
50 ml feiner Weinessig
Paprikabutter von 25 g Butter, Rezept Seite 48

Kutteln vom Metzger gründlich waschen lassen, zuhause noch einmal gründlich ausspülen und das Wasser ausstreifen, reichlich mit Salz einreiben und zwei Stunden ziehen lassen. 1 Liter Wasser mit Zitronensaft zum Kochen bringen, das Salz von den Kutteln abstreifen, Kutteln noch einmal gründlich auswaschen, zwei bis drei Stunden köcheln, bis sie weich sind, in ein Sieb abgießen und den Sud auffangen. Abgekühlte Kutteln in feine Streifen schneiden. 25 Gramm Butter mit dem Mehl anschwitzen, nach und nach mit dem Sud aufgießen, immer wieder glattrühren, damit sich keine Klümpchen bilden. Kutteln zugeben und 15 Minuten köcheln, Knoblauch mit Essig vermischen und in die Suppe geben, salzen. Paprikabutter dazureichen.

Kaukasus-Suppe
Kafkas Çorbası

Wer es verträgt, sollte diese Suppe richtig scharf würzen, denn so will es das ursprüngliche Rezept.

1 Zwiebel, gewürfelt
50 g Butter
200 g Sellerie, gewürfelt
1 Karotte, in Scheiben geschnitten
200 g Weißkohl, in Stückchen geschnitten
2 Steckrüben, gewürfelt
1 Liter Fleischbrühe
100 g Suppennudeln
3 Eigelb
je 1 TL Salz und frisch gemahlener schwarzer Pfeffer
1 EL scharfer Paprika

Zwiebeln in der Butter glasig dünsten, restliches Gemüse dazugeben und einige Minuten dünsten, mit Brühe aufgießen, aufkochen und 15 Minuten köcheln. Die Suppennudeln zugeben und weitere 5 Minuten köcheln, die Suppe vom Herd nehmen, mit Salz, Pfeffer und Paprika würzig abschmecken. Eigelb verquirlen, nach und nach einige Eßlöffel Brühe unterrühren, in die Suppe rühren.

Fischsuppe
Balık Çorbası

Normalerweise wird für diese Fischsuppe Meeräsche verwendet, Sie können aber auch andere weiße Kochfischsorten dafür nehmen.

500 g Meeräschenfilet
500 g Zwiebeln, gewürfelt
2 Karotten, gestiftelt
3 Stangen Sellerie, gewürfelt
250 g Kartoffeln, gewürfelt
1–2 Knoblauchzehen, in Scheibchen gehobelt
2½ TL Salz
50 g Butter
2 EL Mehl · 1 Ei
4 EL Zitronensaft
1 TL frisch gemahlener schwarzer Pfeffer
2 EL gehackte Petersilie

Gemüse in Salzwasser (1 Liter Wasser und 2 TL Salz) 20 Minuten kochen. Fisch in mundgerechte Stücke schneiden und in Salzwasser (250 ml Wasser und ½ TL Salz) 10 Minuten sieden, nicht kochen. Butter, Ei und Mehl in einem dritten Topf anschwitzen. Fisch aus der Brühe nehmen, den Fischsud nach und nach in die Schwitze gießen, immer wieder glattrühren, damit die Suppe nicht klumpt. Gemüsebrühe durch ein Sieb dazugießen, Gemüse durchpassieren, mit Pfeffer abschmecken, Fisch und Zitronensaft dazurühren und mit Petersilie bestreuen.

Fischsuppe mit Tahın
Tahınli Karadeniz Çorbası

1 Liter Fischbrühe, Rezept Seite 60
100 g Basmatireis
1 unbehandelte Zitrone
je 1 TL Salz und frisch gemahlener schwarzer Pfeffer
4 EL Tahın
6 Knoblauchzehen, gepreßt
1 EL gehackte Petersilie

Reis in heißem Salzwasser stehen lassen, bis das Wasser abgekühlt ist, abgießen und waschen. Fischsuppe zum Kochen bringen, Reis zugeben, in 20 Minuten weichkochen, vom Herd nehmen. Zitronenschale leicht abreiben, mit Salz, Pfeffer, Tahın und Knoblauch gründlich verrühren, nach und nach etwas Brühe zugeben, bis die Masse flüssig wird. In die Suppe gießen, gründlich verrühren, mit Petersilie bestreuen. Zitrone vierteln und am Tisch Saft in die Suppe träufeln.

Fischgerichte

Schwarzes Meer, Marmarameer, Ägäis und Mittelmeer – viel Wasser umgibt die Türkei, und so ist es kein Wunder, daß Fisch in vielen Variationen auf dem Speisezettel steht. Die traditionelle Küche verwendet überwiegend Salzwasserfische. Zu gebratenem und gegrilltem Fisch passen verschiedene Soßen. Die leckeren Kombinationen mit Gemüse erfordern unbedingt reichlich Fladenbrot, um die Soße aufzutunken.

Fischbrühe

Fischbrühe ist die Basis für verschiedene Schmorgerichte und Suppen. Fischabfälle sind recht billig, Sie sollten sie aber beim Fischfachgeschäft vorbestellen.

1,5 kg Fischabfälle
1 Zwiebel, geviertelt
1 Stange Lauch, in Ringe geschnitten
4 Knoblauchzehen
1 große Karotte, in Stücke geschnitten
100 g Sellerie, in Scheiben geschnitten
1 Petersilienwurzel, geviertelt
2 Zweige Petersilie
2 Lorbeerblätter

Alle Zutaten in 2 Litern Wasser zum Kochen bringen, 1 Stunde zugedeckt köcheln, eventuell sich bildenden Schaum abschöpfen, leicht abkühlen lassen und die Brühe sorgfältig abseihen, am besten durch ein mit einem Küchentuch ausgelegtes großes Sieb.

Fritierte Sardellen

Hamsi Kızartması

Wenn Sie keine ganz kleinen Sardellen bekommen, können Sie für dieses Gericht auch Sardinen verwenden. Entfernen Sie dann aber die Rückengräte und -flosse.

800 g frische Sardellen, ausgenommen
3 Eier · 75 g Mehl
je ½ TL Salz und frisch gemahlener schwarzer Pfeffer
200 ml hitzebeständiges Öl (kein kaltgepreßtes Olivenöl)
2 Zitronen, geviertelt

Köpfe wegschneiden und Fische gründlich waschen, abtrocknen. Mehl, Eier und Gewürze zu einem Teig verrühren. Öl in einem hohen Topf oder in der Friteuse erhitzen. Sardellen jeweils kurz durch den Teig ziehen und von beiden Seiten goldbraun braten.

Möglichst frisch servieren und am Tisch mit reichlich Zitronensaft beträufeln.

Gegrillter Fisch
Izgara Balık

Von den kleinen Makrelen bis zu den festen Schwertfischsteaks – häufig wird der Fisch in der Türkei über dem Holzkohlenfeuer gegrillt. Sie können auch den Grill im Backofen für das folgende Rezept verwenden, aber das ist natürlich mit dem sommerlichen Grillerlebnis nicht zu vergleichen. Die Fische werden vorher mariniert. Zum garen Fisch reicht man verschiedene Soßen.

4 Fischsteaks (z.B. Hai, Schwert- oder Thunfisch) oder 4 ganze Fische, ausgenommen und gesäubert (z.B. Makrelen, See- oder Rotbarben)
4 Zwiebeln, gerieben
1 TL Salz
je 2 EL Zitronensaft und Olivenöl
8 Lorbeerblätter, im Mörser zerrieben

Die Zwiebeln mit dem Salz vermischen und 10 Minuten ziehen lassen, in ein Haarsieb oder feines Küchentuch geben, Zwiebelsaft (etwa 100 ml) auffangen und mit den restlichen Zutaten eine Marinade rühren. Gewaschene und gut abgetrocknete Fische darin 2 Stunden marinieren, mehrmals wenden. Marinierte Fische auf dem Grill je nach Größe 5 bis 20 Minuten von beiden Seiten grillen, immer wieder mit Marinade bestreichen, sofort servieren.

Tip: Probieren Sie folgende Soßen zum Fisch: Tahınsoße (100 g Tahın mit 2 EL Zitronensaft und Salz verrühren), Sarimsakli Yoğurt mit Dill (Joghurtsoße mit Knoblauch – Rezept im Kapitel „Joghurt und Käse"), Seite 25, oder Domates Salçasi (Tomatensoße – Rezept im Kapitel „Warme Vorspeisen"), Seite 40.

Fischpflanzerl – Fischfrikadellen

Balık Köftesi

500 g Fischfilet, gehackt
4 EL Semmelbrösel oder
2 Scheiben altes Weißbrot
2 Zwiebeln, gerieben
25 g Pinienkerne oder
Sonnenblumenkerne
je 2 EL Petersilie, Dill und
Zitronensaft
1 Ei
je 1 TL Salz, Zimt und
Piment
2 TL Paprikapulver
Mehl
hitzebeständiges Öl

Altes Brot in Wasser einweichen und fest ausdrücken, mit allen Zutaten außer Öl und Mehl zu einem Teig verkneten, kleine Bällchen formen, flachdrücken, in Mehl wenden und mit heißem Öl herausbacken.

Tip: Man kann die Köfte auch mit gegartem Fisch zubereiten: 200 ml Wasser mit zerkleinertem Suppengemüse zum Kochen bringen, Platte abschalten, die Filets 10 Minuten im Wasser ziehen lassen. Wenn Sie Brotscheiben verwenden, im Fischsud einweichen und ausdrükken. Fisch fein zerkleinern und fortfahren wie oben beschrieben.

Gemischte Fischpfanne

Çınarcık Usulü Balık

Dieses Gericht ist typisch für die Marmaraküste und schnell zubereitet. In der Türkei wird Kartoffelpüree dazugereicht.

300 g Schwertfisch
300 g Barschfilet
300 g Krabben
300 g Champignons
3 Knoblauchzehen, gepreßt
50 ml Olivenöl
je 1 TL Salz und frisch gemahlener schwarzer Pfeffer
1 Schnapsglas Rakı (Anisschnaps)
3 EL frisch gehackte Petersilie

Die Fische waschen, abtrocknen und in mundgerechte Stücke schneiden. Champignons säubern und falls nötig ebenfalls in Stücke schneiden. Fisch und Krabben im heißen Öl scharf anbraten und dabei kräftig rühren, Champignons und Knoblauch zugeben, nochmals durchrühren, mit Schnaps ablöschen, mit Salz und Pfeffer würzen und zugedeckt bei kleinster Hitze 10 Minuten dünsten. Mit Petersilie bestreut servieren.

Gefüllte Makrele
Uskumru Dolması

Dies ist eines der feinsten türkischen Gerichte: Es entstammt der Tradition der Palastköche und erfordert beim Ausnehmen der Makrelen einiges Geschick.

4 Makrelen (etwa 0,8–1 kg), unbedingt frisch
25 g Korinthen
3 Zwiebeln, fein geschnitten
2 Knoblauchzehen, gepreßt
2 EL Olivenöl
je 50 g ganze Pinienkerne und gehackte Walnüsse
je 1 TL Zimt, Piment, Nelken, Salz, Paprikapulver und frisch gemahlener schwarzer Pfeffer
je 2 EL gehackte Petersilie und Dill
Mehl
hitzebeständiges Fritieröl (kein kaltgepreßtes Olivenöl)
1 Zitrone, geviertelt

Korinthen in lauwarmem Wasser 30 Minuten einweichen. Makrelen hinter den Kiemen einschneiden bis zur Rückengräte, die Kiemen und Innereien herausnehmen, die Fische innen und außen ausspülen, mit einem großen Kochlöffel oder Fleischklopfer (glatte Seite!) Fische weichklopfen, so daß sich die Haut vom Fleisch löst, die Haut dabei aber nicht verletzen. Rückengräten mehrmals brechen, dicht hinter den Köpfen abschneiden – die Köpfe hängen jetzt nur noch an der Haut. Fleisch vom Schwanz her aus den Häuten drücken, Gräten entfernen, Fleisch fein hacken und beiseite stellen. Für die Füllung Zwiebeln und Knoblauch in Olivenöl weichdünsten, Pinienkerne und Walnüsse dazu goldbraun braten, Fischfleisch zugeben und garen, bis es weiß wird, Herd ausschalten, alle Gewürze unterrühren, Kräuter unterheben und abkühlen lassen. Makrelenhäute mit der Zwiebel-Nuß-Masse füllen, Mehl in einen flachen Teller geben, Fische darin wenden, in reichlich Öl von beiden Seiten je drei Minuten fritieren. Sofort heiß mit Zitronenvierteln servieren.

Gefüllte Sardinen

Taratorlu Sardalya Dolması

12 frische Sardinen (0,8–1 kg), ausgenommen
3 EL Olivenöl
6 gehackte Frühlingszwiebeln (mit Grün)
4 Knoblauchzehen, gepreßt
je 1 TL Salz, Cumin und Sumach
½ TL frisch gemahlener schwarzer Pfeffer
3 EL gehackte Petersilie
1 Ei
100 g gehackte Pinienkerne
1 Scheibe altes Weißbrot
1 EL Grenadinesirup oder Zitronensaft

Die Rückengräten der ausgenommenen Sardinen hinter dem Kopf und vor dem Schwanz durchschneiden, den Fisch vorsichtig massieren, Gräte herausziehen. Zwiebeln in 1 EL Olivenöl glasig dünsten, Knoblauch, Cumin, Petersilie, Salz und Pfeffer unterrühren, abkühlen lassen und mit dem Ei vermischen. Füllung in die Fische verteilen, mit Zahnstochern verschließen, mit Sumach bestreuen, etwa 5 Minuten grillen, dabei einmal wenden.

Für die Soße Pinienkerne sowie eingeweichtes und ausgedrücktes Weißbrot miteinander fein zerstampfen oder pürieren, tropfenweise Grenadinesirup und 2 EL Olivenöl zugeben, zu einer glatten Creme rühren und zu den gegrillten Fischen reichen.

Tip: Wenn Sie Grillgitter für größere Fische haben, können Sie diese jeweils für mehrere Sardinen verwenden. Am besten schmecken die Fische natürlich vom offenen Grill, aber Sie können auch im Backofen grillen.

Sardellentopf

Hamsi Pilaki

Hamsi sind kleine frische Sardellen, die vor allem an der Schwarzmeerküste gegessen werden. Als Ersatz können Sie frische kleine Sardinen verwenden. Dieses Gericht schmeckt auch kalt hervorragend.

800 g Sardellen, ausgenommen und ohne Köpfe
20 g Butter
je 1 TL scharfes Paprikapulver, Salz und frisch gemahlener schwarzer Pfeffer
3 EL gehackte Petersilie
500 g Kartoffeln, in Scheiben geschnitten
500 g Zwiebeln, in dünne Scheiben geschnitten
2 unbehandelte Zitronen, in Scheiben geschnitten
4 hellgrüne mittelscharfe Spitzpaprika, in Ringe geschnitten
200 ml Olivenöl

Backofen auf 225 °C vorheizen. Die Fische gründlich unter kaltem Wasser waschen, abtrocknen. Große Auflaufform buttern. Salz, Pfeffer Paprikapulver und Petersilie mischen. Je zwei Lagen in folgender Reihenfolge einschichten: Fische, Kartoffeln, Zwiebeln, Paprika, Zitronen und jede Lage mit der Gewürzmischung bestreuen. Öl darübergießen und zugedeckt 45 Minuten backen.

Seebarbenfilets mit Tomaten

Kefal Firinda

800 g See- oder Rotbarbenfilets
100 g Petersilie, mit Stengeln grob geschnitten
250 ml Fischbrühe, Rezept Seite 60
4 Fleischtomaten
5 EL Olivenöl
4 Zwiebeln, fein geschnitten
je 1 TL Salz, Paprikapulver und Zimt
je ½ TL gemahlene Nelken und schwarzer Pfeffer
2 EL Semmelbrösel
je ½ TL Mastix und Salz, miteinander zermörsert
2 EL Zitronensaft

Filets unter kaltem Wasser waschen, auf einem Küchentuch abtrocknen und nebeneinander in eine feuerfeste Form legen. Petersilie mit der Brühe aufkochen, bei abgeschalteter Platte 10 Minuten zugedeckt ziehen lassen, durch ein Sieb abgießen und Brühe auffangen. Backofen auf 200 °C vorheizen. Tomaten kurz in kochendes Wasser geben, häuten, Strünke herausschneiden, fein hacken und mit Petersilienbrühe, Olivenöl, Gewürzen, Zwiebeln und Semmelbröseln gründlich verrühren, über den Fisch gießen, 30 Minuten im Backofen garen. Mastixsalz im Zitronensaft lösen, über das heiße Gericht träufeln, heiß oder kalt servieren.

Seebarschfilets in Folie

Kağitta Levrek

4 Seebarschfilets (0,8–1 kg)
4 Fleischtomaten
75 g Butter
1 Zwiebel, fein geschnitten
je ½ TL Zimt, Salz und Mastix
je drei Nelken und Lorbeerblätter
Alufolie

Tomaten kurz in kochendes Wasser geben, häuten, Strünke herausschneiden, Kerne entfernen und fein würfeln. Zwiebeln in der Butter glasig dünsten. Mastix mit dem Salz im Mörser zerstoßen, mit den Tomaten und allen anderen Gewürzen zu den Zwiebeln geben und 15 Minuten köcheln lassen, bis die Soße sämig ist. Backofen auf 200 °C vorheizen. Jedes Filet auf ein ausreichend großes Stück Folie legen, Soße über den Fisch verteilen, Folie nach oben zusammenklappen und verschließen. Nebeneinander in eine ausreichend große Form legen, etwa 15 Minuten garen, sofort in der Folie servieren.

Tip: Sie können auch einen ganzen Barsch in der Folie garen. Dafür den sauber ausgenommenen und gewaschenen Fisch beidseitig viermal einschneiden, mit den Gewürzen auch an den Schnittstellen gründlich einreiben und die Gemüse roh in den Fisch füllen und auf den Fisch legen. Garzeit etwa eine Stunde.

Steinbutt, fritiert
Kalkan Tava

1 kg Steinbuttfilet
4 Zwiebeln
1 TL Salz
2 EL Olivenöl und Zitronensaft
8 Lorbeerblätter, im Mörser zerrieben
hitzebeständiges Fritieröl (kein kaltgepreßtes Olivenöl)
Mehl
2 EL gehackte Petersilie
1 Zitrone, geviertelt

Die Zwiebeln mit dem Salz vermischen und 10 Minuten ziehen lassen, in ein Haarsieb oder feines Küchentuch geben, Zwiebelsaft (etwa 100 ml) auffangen und mit den restlichen Zutaten eine Marinade rühren. Fischfilets in 3 Zentimeter breite Streifen schneiden und 2 Stunden marinieren, mehrmals wenden. Marinierte Fischstreifen abtropfen lassen, in Mehl wenden und im Öl goldgelb fritieren. Auf einem Küchentuch das Öl abtropfen lassen und auf einer Platte im leicht geheizten Backofen warm halten. Mit Petersilie und Zitronenvierteln servieren.

Gebackener Thunfisch
Palamut Balığı Fırında

Dieses Fischgericht ist ganz einfach und gelingt auch Köchen, die sich sonst nicht an Fisch heranwagen.

4 Thunfischsteaks, mindestens 5 cm dick
50 g Butter
4 Fleischtomaten
2 große Zwiebeln, in Scheiben gehobelt
2 mittelscharfe hellgrüne Spitzpaprika, in Ringen
je 1 TL Salz und Paprikapulver
½ TL frisch gemahlener schwarzer Pfeffer
2 unbehandelte Zitronen, in Scheiben

Backofen auf 175 °C vorheizen, flache Auflaufform buttern. Fischsteaks unter kaltem Wasser abwaschen, abtrocknen, nebeneinander in die Form stellen. Tomaten kurz in kochendes Wasser geben, häuten, Strünke herausschneiden und in Scheiben schneiden. In Lagen die Tomaten, Zwiebeln und die Paprika auf die Fischstücke legen, mit Salz, Pfeffer und Paprika würzen, mit Zitronenscheiben bedecken, 200 ml heißes Wasser darübergießen, die restliche Butter in Flokken darauf verteilen, 45 Minuten bakken.

Seebarsch mit Spinat
Ispanak Yapraklı Levrek

4 Seebarschfilets (ca. 800 g) oder andere Fischfilets
200 g Butter
800 g frischer Spinat
2 TL Salz
je 1 TL frisch gemahlener schwarzer Pfeffer und Paprikapulver
1 Zwiebel, fein geschnitten
1 EL Zitronensaft · 3 EL Mehl
500 ml Milch · 3 Eigelb
100 g geriebener Kaşarkäse (oder Gouda/Greyerzer)

Auflaufform buttern. Spinat waschen, dicke Stiele entfernen, grob schneiden. 25 g Butter erhitzen, Spinat andünsten, mit etwas Salz, Pfeffer und Paprika würzen, zugedeckt 5 Minuten dünsten. 50 g Butter zerlassen, Zwiebeln kurz darin andünsten, Fisch auf beiden Seiten darin anbraten, mit Zitronensaft und 200 ml Wasser aufgießen, mit etwas Salz und Pfeffer würzen, bei kleinster Hitze 10 Minuten zugedeckt garen. Backofen auf 200 °C vorheizen. Restliche Butter mit Mehl in einem Topf erhitzen und anschwitzen, bis sie leicht anbräunt, nach und nach die Milch zugießen und immer wieder glattrühren, damit keine Klümpchen entstehen, mit Salz, Pfeffer und Paprika würzen und 10 Minuten leicht köcheln lassen. Vom Herd nehmen und etwas abkühlen lassen. Eigelb mit 2 EL gut lauwarmem Wasser schaumig rühren und unter die Soße rühren. Fisch auf den Spinat legen, Soße darübergießen, mit dem geriebenen Käse bestreuen und 10 Minuten überbacken.

Thunfischragout

Palamut Papaz Yahnisi

Palamut ist eine kleine gestreifte Thunfischart, die in türkischen Gewässern häufig vorkommt. Für dieses Gericht können Sie auch Filetfleisch von jedem anderen festen Fisch nehmen, zum Beispiel vom Hai oder Schwertfisch. Schneiden Sie diese Fischstücke dann in Scheiben.

800 g Thunfischfilet
3 Zwiebeln, fein geschnitten
3 EL Olivenöl
mindestens 8 Knoblauchzehen, geschält und halbiert
2 Karotten, fein gehobelt
1 EL Tomatenmark
250 ml heiße Fischbrühe, Rezept Seite 60
je ½ TL Salz, Paprikapulver und Zimt
2 EL Zitronensaft
1 EL gehackte Petersilie

Die Zwiebeln in Öl glasig dünsten, Knoblauch und Karotten zugeben, weichdünsten, Herd abschalten und Tomatenmark unterrühren. Ofen auf 175 °C vorheizen. Fisch waschen und abtrocknen. Die Hälfte der Zwiebelmischung auf den Boden einer feuerfesten Form geben, Fischfilets darauflegen, restliche Zwiebeln daraufstreichen. Salz, Paprika, Zimt und Zitronensaft in die Brühe rühren, über den Fisch gießen, zugedeckt im Ofen 30 Minuten backen, Backofen abschalten, langsam abkühlen lassen, kalt mit Petersilie bestreut servieren.

Muscheln in Gemüse
Midye Pilaki

Dieses Gericht wird kalt und besonders gerne im Sommer gegessen. Sie können es auch als Vorspeise sevieren – aber bitte immer mit reichlich Brot, damit man die fruchtige Sauce auftunken kann.

1½ kg Miesmuscheln
500 g Tomaten
250 g Zwiebeln, fein geschnitten
200 ml Olivenöl
4 Knoblauchzehen, gepreßt
200 g Karotten, fein gehobelt
200 g Kartoffeln, klein gewürfelt
100 g (Stangen-)Sellerie, fein gehobelt
2 EL Zitronensaft
je 1 TL Zucker oder Honig, Salz und frisch gemahlener schwarzer Pfeffer
2 EL gehackte Petersilie

Muscheln gründlich unter fließendem kalten Wasser reinigen und bürsten. Geöffnete Muscheln wegwerfen. Tomaten kurz in kochendes Wasser geben, häuten, Strünke herausschneiden und würfeln. Zwiebeln und Knoblauch im Olivenöl glasig dünsten, restliches Gemüse außer Tomaten zugeben, wenige Minuten anbraten, Tomaten unterrühren und mit 300 ml heißem Wasser aufgießen, zum Kochen bringen, mit Salz, Pfeffer, Zitronensaft und Honig würzen. Die Muscheln auf das Gemüse legen, den Topf schließen und 45 Minuten köcheln lassen. Muscheln aus den Schalen lösen, ungeöffnete Muscheln wegwerfen, Petersilie untermischen und erkalten lassen.

Garnelen im Töpfchen
Karides Güveç

Traditionell werden bei diesem Gericht die Garnelen in portionsgerechten Töpfchen in der Glut des Holzkohlenfeuers gegart. Das geht natürlich auch im heimischen Backofen. Wenn Sie keine ausreichende Zahl von kleinen feuerfesten Förmchen haben, gelingt das Gericht auch in einer großen Auflaufform.

500 g geschälte Garnelen
4 Fleischtomaten
1 Zwiebel, fein geschnitten
2 mittelscharfe Spitzpaprika, in feine Ringe geschnitten
1 scharfe grüne Peperoni, in feine Ringe geschnitten
2 Knoblauchzehen, gepreßt
3 EL Olivenöl
je 1 TL Zucker oder Honig, Kümmel, Koriander, Salz
4 EL grob geschnittenes Basilikum, Oregano, Dill oder Petersilie
50 g geriebener Kaşarkäse (oder Greyerzer/Gouda)

Backofen auf 200 °C vorheizen. Tomaten kurz in kochendes Wasser geben, häuten, Strünke herausschneiden und fein hacken. Zwiebeln, Paprika und Peperoni in Olivenöl weichdünsten, Knoblauch, Garnelen, Zucker/Honig, Kümmel und Koriander dazugeben und anbräunen lassen, restliche Zutaten außer Käse unterrühren und 5 Minuten dünsten. Auf vier Schüsselchen verteilen, mit Käse bestreuen und im Backofen 20 Minuten backen.

Seemannspilaw

Gemici Pilavı

200 g Reis
4 kleine Fischfilets (etwa 500 g)
2 EL Öl
4 EL Zitronensaft
je 1 TL Salz und Paprikapulver
½ TL frisch gemahlener schwarzer Pfeffer
4 Eier, hartgekocht und in Scheiben geschnitten
3 EL gehackte Petersilie
1 Knoblauchzehe, gepreßt
50 g Butter
200 ml heiße Milch

Reis mit heißem Salzwasser so lange stehen lassen, bis das Wasser abgekühlt ist, abgießen, in 500 ml Wasser aufkochen und bei kleinster Hitze in etwa 20 Minuten zugedeckt garen. Öl, Zitronensaft und 100 ml Wasser zusammen in einer Pfanne erhitzen, Filets hineinliegen und auf kleinster Hitze in 5 Minuten garen, Den Fisch in mundgerechte Stücke teilen. Backofen auf 200 °C vorheizen. Reis, Fischstücke, Eier, Knoblauch und Petersilie mischen, in eine gebutterte Auflaufform geben. Restliche Butter in der Milch lösen, Gewürze zugeben, über den Reis gießen, 15 bis 20 Minuten auf der untersten Schiene überbacken.

Kebab

Das weltweit bekannteste türkische Fleischgericht ist der Dönerkebab – in Deutschland ist er 1998 sogar zum meistgegessenen Imbißgericht aufgestiegen. Dieses Gericht kann man zuhause kaum selbst zubereiten, weil man dazu den speziellen, senkrecht stehenden Grill braucht. Zudem erfordert seine Zubereitung große Sorgfalt, denn ein guter Dönerkebab ist eine Spezialität. Kebab allein bedeutet einfach geschnittenes Fleisch und Kebab-Rezepte kennen die türkischen Hausfrauen und Restaurants in 1001 Variationen.

Scharfer Kebab am Spieß
Adana Kebab

Dieser Kebab ist besonders scharf und nach der Stadt Adana benannt. Er wird am besten über dem offenen Feuer gegrillt und ist deshalb eine Attraktion für alle Grillfeste. Sie brauchen allerdings die typischen Grillschwerter dazu, kleinere Spieße gehen als Ersatz.

500 g Rinderhackfleisch (oder Lamm)
je 1 TL süßes und scharfes Paprikapulver, zerstoßener Cilli, fein gemahlener schwarzer Pfeffer, Kreuzkümmel, getrockneter Oregano und Salz
1 EL gehackte Minze
1 Eiweiß
Öl

Zwei Kebabschwerter mit Öl bepinseln. Fleisch mit allen Gewürzen und dem Eiweiß gründlich zu einem sämigen Teig verkneten, zu zwei länglichen Rollen formen. Schwert in das Fleisch stecken und ringsum festdrücken. Etwa 5 Minuten grillen, keinesfalls zu lang, da der Kebab sonst zu trocken wird. Schwert aus dem Fleisch ziehen, den Kebab kleinschneiden und mit Joghurtsoße mit Knoblauch oder Minzjoghurt servieren.

Kebab, am Spieß geschmort
Çöp Kebab

500 g Lammfleisch (Schulter oder Keule)
2 Fleischtomaten
4 Auberginen
2 Zwiebeln, kleingeschnitten
50 g Butter
je 1 TL Paprikapulver, Salz und frisch gemahlener schwarzer Pfeffer
200 ml Olivenöl
4 hellgrüne Spitzpaprika, geachtelt

Auberginen streifenweise abschälen, in Scheiben schneiden, lagenweise salzen und eine halbe Stunde ziehen lassen. Tomaten kurz in kochendes Wasser geben, häuten, die Strünke entfernen und fein schneiden. Das Fleisch in mundgerechte Stücke schneiden, in Butter von allen Seiten anbraten, Zwiebeln zugeben, glasig dünsten, Tomaten zugeben, mit Salz, Pfeffer und Paprika würzen, 50 ml Wasser dazugießen, aufkochen, auf kleinster Flamme 30 Minuten zugedeckt schmoren. Auberginen trockenreiben, im Öl von beiden Seiten braten, anschließend

Paprika braten. Backofen auf 175 °C vorheizen. Fleischstücke aus der Soße nehmen und im Wechsel mit Auberginen und Paprika auf Schaschlikspieße stekken, nebeneinander in eine flache Auflaufform legen, Kebabsoße mit einem halben Liter Wasser verdünnen, über die Spieße gießen und im Ofen eine Stunde schmoren.

Fleischspieße
Şiş Kebab

Für die nach Döner bekannteste Kebab-Variation gibt es unzählige Rezeptvarianten. Lassen Sie Ihrer Fantasie freien Lauf.

500 g Lamm- oder Kalbsgulasch
2 fein geriebene Zwiebeln
je 1 TL Salz und frisch gemahlener schwarzer Pfeffer
2 Knoblauchzehen, gepreßt
je 2 TL scharfes Paprikapulver, Thymian und Piment
4 feste Tomaten
8 kleine Zwiebeln, halbiert
metallene Schaschlikspieße

Zwiebeln mit Salz mischen, 10 Minuten ziehen lassen, auspressen, den Saft mit Knoblauch und den restlichen Gewürzen zu einer Marinade mischen, Fleischstücke darin mindestens 12 Stunden einlegen. Tomaten kurz in kochendes Wasser geben, häuten, die Strünke entfernen und vierteln. Fleisch abwechselnd mit Tomaten und Zwiebeln auf die Spieße stecken, über dem Holzfeuer oder im Backofen grillen, mehrmals wenden und mit Marinade bestreichen.

Tip: Sie können auch nur Fleisch aufspießen und das Gemüse separat dünsten. Als Gemüse eignen sich außerdem Peperoni, Paprika und Zucchini. Um den Geschmack zu intensivieren, können diese ebenfalls mariniert werden.

Kebab im Topf
Güveç Kebabı

Güveç ist ein Tontopf, in dem verschiedene Gerichte – traditionell in der Glut eines Holzfeuers – geschmort werden. Als bester Ersatz eignet sich der Römertopf oder eine schwere Auflaufform.

500 g Lammfleisch (aus der Schulter oder Keule)
2 Fleischtomaten
25 g Butter
2 Zwiebeln, grob gewürfelt
2 mittelscharfe Peperoni, in Ringe geschnitten
4 Knoblauchzehen, geviertelt
1 Zweig Thymian
je 1 TL scharfes Paprikapulver, Salz und frisch gemahlener schwarzer Pfeffer

Römertopf mindestens 10 Minuten wässern. Tomaten kurz in kochendes Wasser geben, häuten, Strünke entfernen und in Stücke schneiden. Lammfleisch in mundgerechte Stücke schneiden. Alle Zutaten mischen und in den Römertopf geben, in den Ofen stellen und bei 150 °C 2 Stunden schmoren.

Kebab mit Auberginen
Patlıcan Kebabı

400 g Lammfleisch (aus der Schulter oder Keule)
2 Fleischtomaten
300 ml Olivenöl
2 Zwiebeln, fein geschnitten
2 Knoblauchzehen, geviertelt
250 ml Fleischbrühe
1 Zweig Thymian
je 1 TL Salz und frisch gemahlener schwarzer Pfeffer
3 Auberginen
6 mittelscharfe Peperoni

Tomaten kurz in kochendes Wasser geben, häuten, Strünke entfernen und fein schneiden. Das Lammfleisch in mundgerechte Stücke schneiden, von allen Seiten in 100 ml Öl anbraten. Zwiebeln zugeben, glasig dünsten, Knoblauch Tomaten, Thymian, Salz und Pfeffer zugeben, durchrühren, mit Brühe aufgießen, aufkochen, auf kleinster Flamme zugedeckt 30 Minuten köcheln. Die Auberginen der Länge nach vierteln, in 2 cm lange Stücke schneiden, salzen, eine halbe Stunde ziehen lassen. Backofen auf 175 °C vorheizen. Auberginen mit einem Küchentuch gründlich trockenreiben, im restlichen Olivenöl ringsum anbraten, in eine feuerfeste Form legen, Peperoni ganz im Öl braten, zu den Auberginen geben. Kebab mit Soße darübergießen, im Ofen eine weitere halbe Stunde schmoren.

Gemüse-Kebab
Tencere Kebabı

500 g Lamm- oder Hammelfleisch (aus der Schulter oder Keule)
2 Fleischtomaten
2 Auberginen
40 g Butter
200 ml Olivenöl
2 Zwiebeln, in Stücke geschnitten
2 Zucchini
2 hellgrüne Spitzpaprika, geachtelt
2 Kartoffeln, gewürfelt
200 g grüne Bohnen, gesäubert und halbiert
je 1 TL Salz und frisch gemahlener schwarzer Pfeffer
2 TL Paprikapulver

Tomaten kurz in kochendes Wasser geben, häuten, Strünke entfernen und in Stücke schneiden. Auberginen der Länge nach vierteln, in 2 cm lange Stücke schneiden, salzen und 30 Minuten ziehen lassen. Butter und etwas Olivenöl zusammen erhitzen, Fleisch darin von allen Seiten anbraten, Zwiebeln dazu goldgelb braten, Tomaten zugeben und zugedeckt 10 Minuten dünsten. Auberginen mit einem Küchentuch trockenreiben, im restlichen Olivenöl von allen Seiten anbraten, im selben Öl danach Zucchini-, Bohnen- und Paprikastücke anbraten, alle Gemüse und die Gewürze zum Fleisch geben, mit 250 ml Wasser aufgießen und eine Stunde bei kleinster Hitze zugedeckt schmoren.

Tas Kebab

Tas Kebabı

Heute wird ein einfacher Kebab oft als Tas Kebab verkauft. Seinen Namen Tas (= umgedreht) hat dieses Gericht, weil das geschmorte Gericht tatsächlich auf den Kopf gestellt und darum herum der Reis gegart wird. Klingt kompliziert, funktioniert aber wunderbar.

500 g Lammfleisch (aus der Schulter oder Keule)
1 Fleischtomate
25 g Kuyrukyağı oder Butterschmalz
2 Zwiebeln, fein geschnitten
je 1 TL Paprikapulver, Salz und frisch gemahlener schwarzer Pfeffer
1 Zweig Thymian
je 1 Messerspitze Zimt, Piment und Nelken
1 Liter heiße Fleischbrühe
200 g Reis

Tomate kurz in kochendes Wasser geben, häuten, Strunk entfernen und fein schneiden. Das Fleisch in mundgerechte Stücke schneiden, im Fett von allen Seiten anbraten, Zwiebeln zugeben, glasig dünsten, Tomaten, Gewürze (außer Salz) und Thymian zugeben, gründlich durchrühren, mit Brühe aufgießen, aufkochen, auf kleinster Stufe zugedeckt 90 Minuten schmoren, salzen.

Währenddessen Reis in heißem Salzwasser stehen lassen, bis das Wasser abgekühlt ist, abgießen. Fleisch aus der Brühe nehmen, in eine feuerfeste Form geben, in der es gerade Platz hat, und die Form umgekehrt in einen größeren Topf setzen. Halten Sie dabei am besten das Fleisch in einer Hand, stülpen Sie mit der anderen den Topf darüber, dann die beiden Gefäße aneinanderdrücken und den Topf richtig herum auf die Platte stellen. Reis in den Topf rings um die Fleischschüssel geben, mit der Kebabflüssigkeit aufgießen. Sollten es weniger als 600 ml sein, mit Wasser auffüllen, zum Kochen bringen und auf kleinster Stufe 20 Minuten zugedeckt garen. Schüssel herausheben und Kebab mit Pilaw servieren.

Hackfleischgerichte

Hackfleisch wird in der türkischen Küche viel verwendet. Kaufen Sie es immer frisch oder drehen Sie es möglichst selbst durch den Fleischwolf. Bei manchen Gerichten empfiehlt es sich gar, das Hackfleisch mit einem scharfen Messer selbst zu hacken. Zwei Zubereitungsarten dominieren die Hackfleischpalette: Köfte und gefülltes Gemüse.

Auberginen, gefüllt mit Fleisch
Karnıyarık

Karnıyarık bedeutet aufgeschnitten. Bei dieser Auberginenzubereitung wird die Frucht der Länge nach zur Hälfte aufgeschnitten und gefüllt.

4 Auberginen
1 EL Salz
2 Fleischtomaten
150 ml Olivenöl
2 Zwiebeln, fein geschnitten
200 g Hackfleisch (vom Rind oder Lamm)
2 EL gehackte Petersilie
je 1 TL Paprikapulver, Salz und frisch gemahlener schwarzer Pfeffer
1 TL gemischt aus Cumin, Zimt, Nelken und Piment
4 mittelscharfe, lange Spitzpaprika
1 TL Zucker oder Honig
1 EL Zitronensaft

Stielansatz der Auberginen wegschneiden, streifenweise schälen, an einer geschälten Stelle die Frucht in einem Halbbogen so einschneiden, daß Anfang, Ende und Boden der Frucht ganz bleiben, an den geschälten Stellen mehrmals einstechen, Früchte reichlich innen und außen salzen, 20 Minuten ziehen lassen. Tomaten kurz in kochendes Wasser geben, häuten, Strünke herausschneiden, halbieren und von jeder Hälfte eine schöne Scheibe abschneiden, beiseite legen, von der restlichen Frucht die Kerne entfernen und das Fleisch fein schneiden. Paprika halbieren, Strünke entfernen und entkernen. Auberginen mit einem Küchentuch gründlich trockenreiben, in 100 ml Olivenöl von allen Seiten gründlich anbraten, in eine feuerfeste Auflaufform nebeneinander legen. Den Zitronensaft und Zucker oder Honig mit 150 ml heißem Wasser mischen und dazugießen.

Den Backofen auf 175 °C vorheizen. Restliches Olivenöl in die Pfanne geben, Zwiebeln glasig dünsten, Hackfleisch zugeben und kräftig anbraten, Tomaten, Petersilie und die Gewürze zugeben, einmal aufkochen lassen, Auberginen an den Schnittstellen aufhalten, mit der Hackfleischmasse füllen und mit jeweils zwei Paprikahälften und einer Scheibe Tomaten bedecken. Zugedeckt im Ofen eine Stunde backen, Deckel abnehmen,

Herd ausschalten und noch 10 Minuten bei Resthitze ruhen lassen.

Tip: Mit 50 g Pinienkernen und oder 50 g Korinthen verfeinern Sie die Füllung.

Paprika, gefüllt mit Hackfleisch

Biber Dolması

4 große grüne Paprikaschoten
100 g Langkornreis
1 Fleischtomate
75 ml Olivenöl
2 Zwiebeln, gerieben
250 g Hackfleisch (vom Lamm oder Kalb)
je 1 EL gehackte Petersilie, Minze und Dill
je 1 TL Paprikapulver, Salz und frisch gemahlener schwarzer Pfeffer
250 ml Fleischbrühe

Reis in heißem Salzwasser stehen lassen, bis das Wasser abgekühlt ist. Tomate kurz in kochendes Wasser geben, häuten, Strunk herausschneiden und fein hacken. Paprikaschoten waschen, kurz in kochendem Salzwasser blanchieren, auskühlen lassen, Strunk vorsichtig herausschneiden, dann einen Deckelring abschneiden, Kerne und Häute aus der Schote entfernen, beiseite stellen. Öl erhitzen, Zwiebeln andünsten, Hackfleisch zugeben, 2 Minuten unter Rühren braten, Herd abschalten, Reis, Tomaten, Gewürze und Kräuter zugeben und, sobald die Masse etwas abgekühlt ist, zu einem geschmeidigen Teig verkneten, in die Paprikaschoten füllen, mit Deckel schließen, in einen passenden Topf setzen, Fleischbrühe dazugießen, zum Kochen bringen und 40 Minuten zugedeckt köcheln.

Weinblätter, gefüllt mit Hackfleisch

Asma Yapraği Sarması

200 g frische oder eingelegte Weinblätter
100 g Langkornreis
250 g Hackfleisch (vom Lamm oder Kalb)
2 Zwiebeln, gerieben
je 1 EL gehackte Petersilie, Minze und Dill
50 ml Olivenöl
je 1 TL Paprikapulver, Salz und frisch gemahlener schwarzer Pfeffer
200 ml Wasser
1 ungespritzte Zitrone in Scheiben
300 ml Fleischbrühe

Den Reis in heißem Salzwasser stehen lassen, bis das Wasser abgekühlt ist. Frische Weinblätter 2 Minuten in kochendes Wasser geben und abschrecken, eingelegte Weinblätter in einer großen Schüssel wässern und dann unter fließendem Wasser abspülen. Hackfleisch, Reis, Zwiebeln, Gewürze, Kräuter und Öl zu einem geschmeidigen Teig verkneten. Mit zwei bis drei Weinblättern den Boden eines schweren Topfes bedecken. Dann alle Weinblätter bis auf zwei oder drei mit der Gemüsemischung füllen: 1 EL auf ein Weinblatt geben, zu einem Röllchen formen, Weinblatt rechts und links einschlagen, vom Stiel her aufrollen. Gefüllte Weinblätter dicht aneinander in einen Topf schichten. Salz darüberstreuen, Brühe darübergießen, Zitronenscheiben darüberlegen, mit den restlichen Weinblättern abdecken, mit einem hitzebeständigen Teller beschweren, zum Kochen bringen und bei kleiner Hitze zugedeckt eine Stunde garen. Heiß servieren.

Tip: Dazu paßt entweder Joghurtsoße mit Knoblauch (Rezept Seite 25) oder aber eine feine Zitronensoße: Schlagen Sie 1 Ei, 2 EL Zitronensaft und 1 EL der Kochflüssigkeit schaumig.

Fleischröllchen oder -bällchen
Kuru Köfte

400 g Lammkeule
1 Zwiebel, gerieben
50 g Semmelbrösel
2 EL gehackte Petersilie
1 Ei
je 1 TL Salz, scharfes Paprikapulver und frisch gemahlener schwarzer Pfeffer
je ½ TL Zimt, Piment, Cumin und getrockneter Thymian
50 g Mehl
150 ml Olivenöl

Das Lammfleisch mit einem scharfen Messer selbst gründlich hacken (nicht durch den Fleischwolf treiben, es „schmiert" dann), mit Zwiebeln, Semmelbröseln, Ei, Petersilie und den Gewürzen zu einem feinen Teig verkneten, kleine Röllchen (oder Bällchen) formen, im Mehl wenden, im Olivenöl ausbakken, auf Küchenkrepp abtropfen lassen.

Köfte in Zitronensoße
Ekşili Köfte

400 g Lammhackfleisch
2 Zwiebeln, gerieben
1 Ei
50 g Reis
2 EL gehackte Petersilie
je 1 TL Salz, Cumin und frisch gemahlener schwarzer Pfeffer
50 g Mehl
750 ml Brühe oder Wasser
2 Karotten, geraspelt
2 Kartoffeln, gestiftelt
2 Eigelb
3 EL Zitronensaft

Köfteteig kneten aus Fleisch, Reis, Zwiebeln, Ei, Petersilie und Gewürzen und zu haselnußgroßen Bällchen formen, im Mehl wenden und beiseite stellen. Brühe mit Karotten und Kartoffeln 10 Minuten kochen, Köfte zugeben und weitere 30 Minuten sieden lassen, bis der Reis gar ist, vom Herd nehmen. Eigelb schaumig schlagen, mit Zitronensaft weiterschlagen, einige Eßlöffel Brühe nach und nach unterschlagen, Soße in die Suppe ziehen.

Hackbraten
Dalyan Köfte

500 g gemischtes Hackfleisch (Lamm, Rind, Hammel)
1 lange, dünne Karotte
1 EL Tomatenmark
1 EL Tahın
20 g Butter
2 Zwiebeln, fein geschnitten
2 EL gehackte Petersilie
je 1 TL Cumin, Koriander, Salz, frisch gemahlener schwarzer Pfeffer und scharfes Paprikapulver
2 hartgekochte Eier

Eine Karotte schälen und 10 Minuten in 200 ml Salzwasser kochen, die Karotte herausnehmen, die Tomatensoße rühren aus Tomatenmark, Tahın und dem Kochwasser. Backofen auf 175 °C vorheizen. Auflaufform mit Butter fetten. Hackfleisch, Zwiebeln, Petersilie und Gewürze zu einem geschmeidigen Teig verkneten, auf einem Butterbrotpapier flach ausbreiten, Karotte und Eier als Füllung darauflegen, Hackfleisch darüberschlagen und zu einem Laib formen, in die Auflaufform legen. Tomatensoße über das Fleisch gießen, eine Stunde backen, bis der Braten dunkelbraun knusprig ist, einige Male mit der Soße bestreichen.

Köfte am Spieß
Şiş Köfte

Şiş Köfte sind eine feine Sache für ein Grillfest. Man kann sie natürlich auch im Backofen grillen.

400 g Lammkeule mit Fett
2 Zwiebeln, gerieben
je 2 TL Salz und Paprikapulver
je 1 Messerspitze Piment, Cumin und Zimt
2 EL Olivenöl

Lammfleisch mit einem scharfen Messer fein hacken, mit je einem Teelöffel Salz und Paprikapulver würzen, fein verkneten, in acht Portionen teilen, jeweils einen flachen Spieß durch die Portion stecken, rundum festdrücken. Zwiebeln mit Salz einige Minuten ziehen lassen, Zwiebelsaft auspressen und mit Öl und den restlichen Gewürzen zu einer Marinade mischen. Köftespieße grillen und dabei mit der Marinade bestreichen. Am

Sesamkringel / Susamlı Simit
Rezept Seite 20

Gegrillte Lammkoteletts mit Joghurtsoße / Kuzu Pirzola

Rezept Seite 96

Lammrücken im Salzmantel / Tuzlanmış Kuzu

Rezept Seite 98

Gefüllte, halbierte Auberginen / Patlıcan Dolması

Rezept Seite 112

Paprikasalat / Biber Salatsı
Rezept Seite 122

Kartoffel-Quark-Keulchen / Patates Köftesi
Rezept Seite 149

Apfelringe, gebacken / Elma Kizartması

Rezept Seite 156

besten auf einer Grillplatte arbeiten, da die Köfte leicht zerfallen.

Tip: Sie können Şiş Köfte auch nach dem Rezept von Kuru Köfte (Seite 83) zubereiten, Bällchen formen und diese aufspießen. Dieser Köfteteig zerfällt nicht so leicht.

Frauenschenkel
Kadınbudu Köfte

Seinen bedeutungsvollen Namen hat das Gericht von der Form der Köfte.

50 g Reis
25 g Butter
1 Zwiebel, gehackt
250 g Hackfleisch (Keule)
je 1 TL Salz, Zimt, Piment, scharfes Paprikapulver und frisch gemahlener schwarzer Pfeffer
2 Eier
250 ml Olivenöl
50 g Semmelbrösel

Reis in heißem Salzwasser stehen lassen, bis das Wasser abgekühlt ist, abgießen. Die Zwiebeln in Butter glasig dünsten, Reis dazugeben, bis er glasig ist, mit 150 ml Wasser aufgießen, aufkochen, zugedeckt in 20–30 Minuten auf kleinster Flamme garen. Die Hälfte des Hackfleisches in wenig Olivenöl braten, bis der Fleischsaft verdampft ist. Feinen Teig kneten aus rohem und gegartem Hackfleisch, gegartem Reis, Gewürzen und einem Ei. Zweites Ei in einem Suppenteller verkleppern, Semmelbrösel in einen zweiten Teller geben. Aus dem Teig flachgedrückte Ovale formen, erst in Semmelbrösel, dann im Ei wenden und im Olivenöl von beiden Seiten ausbacken. Auf Küchenkrepp abtropfen lassen und heiß servieren.

Auberginen-Hackfleisch-Topf
Patlıcan Güveçi

500 g Auberginen
4 Fleischtomaten
75 ml kaltgepreßtes Olivenöl
750 g Hackfleisch (vom Lamm oder Kalb)
2 Zwiebeln, fein geschnitten
2 Knoblauchzehen, gehackt
je 1 TL Salz und frisch gemahlener schwarzer Pfeffer
400 ml Fleischbrühe
200 g Süzme Yoğhurt
4 EL gehackte Minze

Die Auberginen waschen, Strünke entfernen, würfeln, lagenweise mit Salz bestreuen und 30 Minuten ziehen lassen. Tomaten kurz in kochendes Wasser geben, häuten, die Strünke entfernen und würfeln. Hackfleisch im Öl durchbraten, Zwiebeln und Knoblauch zufügen, kurz mitbraten, mit Salz und Pfeffer würzen, Fleischbrühe angießen. Auberginen mit einem Küchentuch fest abtrocknen, mit den Tomaten zum Fleisch geben, aufkochen lassen, Hitze auf kleinste Stufe reduzieren und auf dem Herd 30 Minuten schmoren oder in der Röhre bei 175 °C 45 Minuten backen. Joghurt mit Minze verrühren, salzen und pfeffern. Minzjoghurt zum Hackfleischtopf servieren.

Kohl, geschichtet
Kiymali Lahana Kapaması

1 Kohlkopf
50 ml Olivenöl
2 Zwiebeln, fein geschnitten
300 g Hackfleisch (vom Lamm oder Rind)
1 EL Tomatenmark
4 EL gehackte Petersilie
je 1 TL Salz und Paprikapulver

Reichlich Salzwasser in einem großen Topf zum Kochen bringen, Kohl halbieren, Strunk herausschneiden, 5 Minuten ins siedende Wasser legen, abgießen und 150 ml Kochwasser zurückbehalten. Backofen auf 175 °C vorheizen. Zwiebeln in Öl glasig dünsten, Hackfleisch zugeben und unter Rühren anbraten, Tomatenmark, Salz, Paprika und Petersilie unterrühren, vom Herd nehmen. Kohl in einzelne Blätter teilen, dicke Strunken ausschneiden, erstes Drittel der Blätter in eine feuerfeste, flache Form legen, die

Hälfte des Hackfleisches darauf verstreichen, mit dem zweiten Drittel Blätter bedecken, die restliche Hackfleischfüllung darauf verteilen, mit restlichen Blättern bedecken. Kochwasser darübergießen, 30 Minuten auf der unteren Schiene garen und die letzten 15 Minuten unterm Grill überbacken.

Tip: Verfeinern Sie die Füllung mit je einem Eßlöffel Pinienkernen und eingeweichten Korinthen.

Weiße Bohnen mit Fleisch

Etli Kuru Fasülye

Dieses Gericht ist weit verbreitet und wird vor allem im Winter zubereitet.

300 g weiße Bohnen
300 g Gulasch von der Schulter (Lamm oder Rind)
2 Fleischtomaten
50 g Kuyrukyağı oder Butterschmalz
3 Zwiebeln, fein geschnitten
3 mittelscharfe Spitzpaprika, in Ringe geschnitten
500 ml Fleischbrühe oder Wasser
je 1 TL Salz, Paprikapulver und frisch gemahlener schwarzer Pfeffer

Die Bohnen über Nacht in reichlich Wasser einweichen, abgießen, in Salzwasser 15 Minuten kochen und im Topf beiseite stellen. Tomaten kurz in kochendes Wasser geben, häuten, Strünke entfernen und fein schneiden. Zwiebeln und Paprika im Fett andünsten, die Fleischstücke zugeben, von allen Seiten anbraten. Tomaten unterrühren, würzen, heiße Brühe zugießen, zum Kochen bringen, Hitze reduzieren, auf kleiner Stufe eine halbe Stunde zugedeckt schmoren. Bohnen abgießen, zum Fleisch geben, eine weitere halbe Stunde oder länger schmoren, bis die Bohnen weich sind.

Linsentopf
Kıymalı Mercimek

300 g Linsen
1 Fleischtomate
2 kleine Zwiebeln, fein geschnitten
50 g Butterschmalz
200 g Hackfleisch oder Gulasch
je 1 TL Salz, frisch gemahlener schwarzer Pfeffer und Paprikapulver
2 EL gehackte Petersilie
500 ml Brühe oder Wasser

Linsen über Nacht in reichlich kaltem Wasser einweichen. Tomate kurz in kochendes Wasser geben, häuten, Strunk entfernen und fein schneiden. Linsen in frischem Salzwasser nur 10 Minuten kochen, abgießen. Zwiebeln im Fett glasig dünsten, Fleisch dazu scharf anbraten, Tomaten und Gewürze zugeben, bei kleiner Hitze 10 Minuten schmoren, Brühe/Wasser und Linsen zugeben, aufkochen und bei kleinster Hitze 45 Minuten zugedeckt schmoren. Petersilie unterheben und heiß servieren.

Tip: Zu diesem Linsentopf können Sie neben den Tomaten auch kleingeschnittenen Lauch, Kartoffeln und/oder Karotten geben.

Geflügel und Wild

Die meisten türkischen Geflügelrezepte werden ursprünglich mit Huhn zubereitet. Doch hierzulande bekommt man meist nur alte zähe Suppenhühner, deshalb sollten Sie am besten zu einem möglichst großen Hähnchen greifen.

Auberginenrouladen mit Hähnchenfleisch

Patlıcan Sarması

- *8 Hähnchenschenkel (nur den unteren Teil)*
- *Saft von 4 Zitronen*
- *4 Knoblauchzehen, gepreßt*
- *je 1 Tl Salz und Piment*
- *4 lange, schmale Auberginen*
- *100 ml Olivenöl*
- *25 g Pinienkerne*
- *1 TL flüsiger Honig*

Hähnchenschenkel kurz in heißes Wasser geben, mit einem Küchenhandtuch kräftig trockenreiben, so daß sich die Haut vom Fleisch löst, mit einem scharfen Messer häuten und entbeinen. Marinade mischen aus Zitronensaft, Knoblauch, Salz und Pfeffer, das Fleisch damit übergießen, mindestens zwei Stunden stehen lassen, mehrmals wenden. Stielansätze von den Auberginen entfernen, Früchte der Länge nach in 1 cm dicke Streifen schneiden, schichtweise salzen und eine halbe Stunde ziehen lassen. Backofen auf 175 °C vorheizen. Auberginenstreifen mit einem Küchentuch kräftig trockenreiben, lagenweise im Öl von beiden Seiten dunkelbraun braten, die 16 größten Streifen beiseite legen, mit den restlichen den Boden einer Auflaufform auslegen. Auf einem Teller zwei Auberginenstreifen über Kreuz legen, ein Stück Fleisch aus der Marinade und einige Pinienkerne auf die Mitte setzen, Auberginen erst von der Längs-, dann von der Querseite her darüberschlagen und mit den Enden nach unten in die Auflaufform legen. Das Fleisch dabei möglichst fest einwickeln und die Rouladen dicht aneinander legen, damit sie nicht aufgehen können. Die restliche Marinade und den Honig über die Rouladen gießen, 30 bis 40 Minuten backen.

Tip: Für diese Rouladen können Sie auch anderes Fleisch vom Hähnchen verwenden und entsprechen portionieren.

Hähnchen-Gemüse-Topf

Sebzeli Tavuk Güveçi

Dieses Gericht hat seinen Namen vom Güveç, einem Tontopf, in dem es geschmort wird. Am besten verwenden Sie dafür einen Römertopf oder eine gußeiserne Kasserolle.

1 Hähnchen (etwa 1250 g)
2 kleine Auberginen, in Scheiben geschnitten
2 Fleischtomaten
250 g grüne Bohnen, gesäubert, in mundgerechte Stükke geschnitten
8 Schalotten, halbiert
2 kleine Zucchini, in Scheiben geschnitten
50 ml Olivenöl
je 1 TL Salz, frisch gemahlener schwarzer Pfeffer und Paprikapulver

Die Auberginen lagenweise salzen und 30 Minuten ziehen lassen. Tomaten kurz in kochendes Wasser geben, häuten, die Strünke entfernen und achteln. Hähnchen, Schalotten, Zucchini und Bohnen in einen Topf geben, mit Salzwasser bedecken, aufkochen und 10 Minuten kochen lassen. Den Römertopf 10 Minuten wässern. Auberginen mit einem Küchentuch trockenreiben und im Öl von beiden Seiten kräftig braten. Hähnchen aus der Brühe nehmen, zerteilen, mit Salz, Pfeffer und Paprika würzen, in den Römertopf geben. Gemüse aus der Brühe schöpfen, zusammen mit Tomaten und Auberginen zum Fleisch geben, 200 ml Brühe dazugießen, in den nicht vorgeheizten Backofen geben und eine Stunde zugedeckt bei 175 °C schmoren.

Hähnchenköfte

Tavuk Köftesi

500 g Hähnchenhackfleisch (Brust- und Schenkelfleisch ohne Haut, beim Metzger durchdrehen lassen)
4 EL Semmelbrösel
2 Eier
2 EL gehackte Petersilie
je 1 Tl Salz, frisch gemahlener schwarzer Pfeffer und Paprikapulver
ca. 100 ml Sonnenblumenöl

Das Hackfleisch muß ganz frisch sein. Wenn Sie es nicht am selben Tag verarbeiten, sollten Sie es selbst durch den Fleischwolf drehen oder aber mit einem scharfen Messer fein hacken. Fleisch mit allen Zutaten außer dem Öl zu einem sämigen Teig verkneten, zeigefingergroße Röllchen formen, im Fett von allen Seiten goldbraun braten und auf Küchenkrepp abtropfen lassen.

Truthahn mit Kastanien

Kestaneli Hindi

(6 Portionen)
1 kleiner Truthahn (etwa 2 kg), gesäubert
2 Karotten, halbiert
2 Kartoffeln, halbiert
2 Zwiebeln, halbiert
2 EL Zitronensaft
je 2 TL Salz, frisch gemahlener schwarzer Pfeffer und Paprikapulver
1 kg Eßkastanien
2 EL Mehl
50 g Butter
2 EL gehackte Petersilie

Truthahn innen und außen waschen, in einen Topf geben, in den er genau paßt, Gemüse, Zitronensaft und Salzwasser zugeben, bis er knapp bedeckt ist, zum Kochen bringen und 30 Minuten zugedeckt sieden lassen. Brühe beiseite stellen, Puter mit Salz, Pfeffer und Paprika würzen, auf die Fettpfanne des Backofens legen und ohne vorzuheizen bei 175 °C 90 Minuten braten, dabei immer wieder mit Bratenflüssigkeit und Fett bestreichen. Kastanien kreuzweise einschneiden, in einer flachen feuerfesten Form mit wenig Wasser 20 Minuten zum Puter in die Röhre stellen, abkühlen lassen, schälen. Den garen Puter auf einem Blech oben im Backofen warmhalten, nur Unterhitze einstellen, 250 ml Brühe in die Fettpfanne gießen, Bratensatz ablösen, Eßkastanien dazugeben und auf der untersten Schiene in 15 bis 30 Minuten garen. Mehl in Butter anschwitzen, nach und nach mit 500 ml Brühe aufgießen, Petersilie zugeben und aufkochen lassen. Gemüse aus der Brühe schöpfen. Puter zerlegen, auf eine Servierplatte geben, Gemüse und Kastanien ringsum anrichten, mit der Kräutersoße begießen.

Huhn mit Orangen

Portakalı Piliç

Exotisch-köstlich kombiniert die türkische Küche gerne Fleisch und Obst. Das folgende Rezept ist vor allem scharf, Sie können die Schärfe aber mit Menge und Art der verwendeten Chilischoten oder Peperoni steuern.

4 ganze Hühner oder Hähnchenschenkel
25 g Korinthen
25 g Butterschmalz
2 rote Zwiebeln, in Scheiben
2 kleine reife Orangen mit unbehandelter, dünner Schale
4 Knoblauchzehen, gepreßt
Saft einer weiteren Orange
3 kleine, rote Chilischoten
je 2 TL Zimt, Koriander und Honig
je 1 TL Schwarzkümmelsamen, Salz und frisch gemahlener schwarzer Pfeffer
1 EL Minzblätter
1 EL gehackte Minze
100 g Süzme Yoğhurt

Korinthen in lauwarmem Wasser 30 Minuten einweichen und dann abgießen. Fett erhitzen, Hähnchenschenkel darin von allen Seiten goldgelb braten, herausnehmen und beiseite stellen. Im selben Fett Orangen und Zwiebeln anbraten, Knoblauch, Chili, Gewürze, Orangensaft, Minzblätter und 200 ml Wasser dazugeben, unter Rühren kräftig aufkochen. Nach wenigen Minuten das Fleisch dazulegen, Hitze reduzieren und 40 Minuten zugedeckt schmoren. Joghurt mit der gehackten Minze und einer Prise Salz zu einer dicken Soße rühren und zu den süß-scharfen Hühnchen reichen.

Kaninchen, geschmort

Tavşan Yahnisi

Wild steht selten auf der türkischen Speisekarte. Lediglich das Kaninchen wird viel gejagt und entsprechend auch viel verzehrt.

1 Kaninchen, in 4 Teile zerlegt
150 ml dunkler Essig
1 EL Olivenöl
25 g Korinthen
1 Fleischtomate
50 g Butterschmalz
5 Frühlingszwiebeln, halbiert
10 Knoblauchzehen, ganz
2 EL gehackte Petersilie
500 ml Brühe
1 Stange Zimt
1 Lorbeerblatt
1 Zweig Thymian
je 1 TL Salz, frisch gemahlener schwarzer Pfeffer und Paprikapulver

Die Marinade aus Essig, Öl und 250 ml Wasser rühren und Fleisch darin mindestens 12 Stunden einlegen. Korinthen 30 Minuten in lauwarmem Wasser einweichen, abgießen. Tomate kurz in kochendes Wasser geben, häuten, Strunk entfernen und in Scheiben schneiden. Fleischstücke aus der Marinade nehmen und kräftig trockenreiben, Fett in einer schweren Kasserolle erhitzen, das Fleisch von allen Seiten kräftig anbraten und wieder herausnehmen. Im selben Fett Zwiebeln und Knoblauch anbräunen, Korinthen, Tomaten und Petersilie dazugeben, kräftig durchrühren, Kaninchenteile wieder in den Topf geben, Brühe und 100 ml Marinade zugießen, mit Lorbeer, Zimt und Thymian aufkochen lassen, auf kleinster Hitzestufe 2 Stunden zugedeckt köcheln. Fleisch aus der Soße nehmen und auf einer tiefen Platte warm stellen. Zimt, Lorbeer und Thymian entfernen, Soße aufkochen und abschmecken, über das Fleisch gießen und servieren.

Sonstige Fleischgerichte und Innereien

Gegrillte Lammkoteletts mit Joghurtsoße
Kuzu Pirzola

- *8 Lammkoteletts*
- *100 ml Sonnenblumenöl*
- *1 EL Zitronensaft*
- *je 1 TL Salz und frisch gemahlener schwarzer Pfeffer*
- *1 Zwiebel, gehackt*
- *4 Knoblauchzehen, gepreßt*
- *je 2 EL gehackter Dill, Petersilie und Oregano*
- *200 g Joghurt*

Marinade mischen aus 50 ml Öl, Zitronensaft und Pfeffer und Fleisch mindestens eine Stunde darin ziehen lassen. Zwiebeln und Knoblauch im restlichen Öl glasig dünsten, Kräuter und Salz dazugeben, mit 50 ml Wasser angießen, kurz aufkochen, vom Herd nehmen, abkühlen lassen und Joghurt unterrühren. Fleisch abtrocknen und grillen – am offenen Grill oder im Backofen. Koteletts mit der Joghurtsoße servieren.

Lammkoteletts mit Joghurtsoße überbacken
Elbasan Tavası

- *4 Lammkoteletts*
- *1 Zwiebel, halbiert*
- *1 Karotte, geviertelt*
- *100 g Selleriestücke*
- *1 kleine Stange Lauch, in Ringe geschnitten*
- *je 4 ganze Nelken, ganze Pfefferkörner und Petersilienzweige*
- *1 Stange Zimt*
- *1 TL Salz*
- *750 g Süzme Yoğhurt*
- *50 g Mehl*
- *2 Eigelb*

Gußeiserne Kasserolle erhitzen, Koteletts weich klopfen, ohne Fett von beiden Seiten je 3 Minuten anbraten, Gemüse und Gewürze dazugeben, mit Wasser bedecken, aufkochen, 90 Minuten auf kleiner Flamme köcheln, am Ende salzen und Platte abschalten. Backofen auf maximale Stufe vorheizen.

Joghurt, Mehl und Eigelb gründlich vermischen, Koteletts nebeneinander in eine flache Auflaufform legen, mit Joghurt bedecken, 30 Minuten überbakken. Die Brühe können Sie für andere Gerichte weiterverwenden.

Tip: Sie können statt der Koteletts auch in Stücke geschnittene Schulter oder Keule verwenden.

Lammkeule, gebraten
Fırında Kuzu Budu

Nur sehr selten taucht in der türkischen Küche Alkohol auf. Dies ist eines der wenigen Beispiele, der Alkohol dürfte bis zum Servieren verflogen sein.

(6–8 Portionen)
1 Lammkeule
100 ml Olivenöl
200 ml Rotwein
100 ml Essig
4 Knoblauchzehen, gepreßt
je 1 TL Salz, scharfes Paprikapulver, Cumin und frisch gemahlener schwarzer Pfeffer
1 zerstoßenes Lorbeerblatt
1 Zweig Thymian, mit der Schere zerschnitten
1 Zwiebel, geviertelt
100 g Sellerie, in Scheiben
1 Karotte, in Scheibchen
300 g gepellte Erbsen oder Zuckererbsen

Alle Zutaten außer Fleisch und Erbsen zu einer Marinade mischen, Keule von Fett befreien, Fett beiseite stellen, Keule 24 Stunden in der Marinade ziehen lassen, mehrmals wenden und bepinseln. Keule in einem flachen Bräter oder in der Fettpfanne im kalten Rohr ansetzen, 2 Stunden bei 150 °C braten. Anfangs mit Marinade bepinseln, sobald der Braten Saft zieht, mit Bratensaft bepinseln. Fett in einem Topf vorsichtig auslassen, feste Teile herausfischen, im flüssigen Fett das marinierte Gemüse und die Erbsen anbraten, mit 100 ml Marinade ablöschen, zugedeckt 15 Minuten dünsten, in der letzten halben Stunde zum Braten geben.

Lammrücken im Salzmantel
Tuzlanmış Kuzu

4 Lammrückenfilets (400 bis 500 g)
200 g gemischter Reis
20 g Kuyrukyağı oder Butterschmalz
4 Kohlblätter, kurz vorgekocht
400 g grobes Meersalz
4 Eiweiß
2 EL getrockneter Thymian, zermörsert
1 EL getrockneter Rosmarin, zermörsert
200 g Mehl
1 Eigelb
1 Zucchini, fein gewürfelt
3 Stangen Staudensellerie, in feine Scheibchen geschnitten
1 rote und
1 gelbe Paprika, fein gewürfelt
50 ml Olivenöl
200 ml Fleischbrühe
2 EL Tomatenmark
100 ml Milch
je 1 TL Salz und frisch gemahlener schwarzer Pfeffer

Das Lammfleisch waschen, trockentupfen, im Fett rundum kräftig anbraten, in die Kohlblätter fest einwickeln. Backofen auf 200 °C vorheizen. Meersalz, Eiweiß, Thymian, Rosmarin und Mehl zu einem Teig kneten, in vier Portionen ausrollen, Lammfilets darin einpacken, mit Eigelb bestreichen und im Backofen erst 5 Minuten backen, dann weitere 5 Minuten grillen, Herd abschalten, Filets ruhen lassen. Reis in Salzwasser 20 Minuten kochen. Gemüse in Öl andünsten, Tomatenmark mit Brühe, Milch, Salz und Pfeffer mischen, zum Gemüse gießen, aufkochen, 10 Minuten auf kleinster Stufe köcheln. Salzteig vorsichtig aufklopfen, das Fleisch in Scheiben schneiden, mit Reis und Soße auf einer tiefen Platte anrichten.

Hammel mit Kichererbsen
Nohutlu Yahni

200 g Kichererbsen
400 g Hammelfleischgulasch
1 Fleischtomate
50 g Kuyrukyağı oder Butterschmalz
4 Zwiebeln, geviertelt
je 1 TL Salz, Paprikapulver und frisch gemahlener schwarzer Pfeffer

Kichererbsen über Nacht in reichlich Wasser einweichen, abgießen, 30 Minuten in Salzwasser kochen (im Schnellkochtopf: 10 Minuten), abgießen. Tomate kurz in kochendes Wasser geben, häuten, Strunk entfernen und kleinschneiden. Fleisch in einem schweren Topf ohne Fett ringsum anbraten, mit 1 Liter heißem Wasser aufgießen und zum Kochen bringen, entstehenden Schaum abschöpfen, nach 10 Minuten Kichererbsen und Salz zugeben. Parallel Zwiebeln im Fett andünsten, Tomaten zugeben, einige Minuten schmoren, mit Paprika und Pfeffer würzen, zum Fleisch geben, zugedeckt eine Stunde auf kleinster Flamme schmoren.

Hammelkoteletts, paniert
Koyun Pirzolası

4 Hammelkoteletts, entbeint
je 1 TL Salz und frisch gemahlener schwarzer Pfeffer
50 g Mehl
1 Ei
30 g geriebener Kaşarkäse (oder Greyerzer oder Gouda)
50 g Semmelbrösel
100 g Kuyrukyağı oder Butterschmalz

Koteletts weich klopfen, salzen und pfeffern. Drei tiefe Teller vorbereiten: In den ersten das Mehl geben, im zweiten Käse und Ei verrühren, in den dritten die Semmelbrösel geben. Koteletts nacheinander in allen drei Tellern wenden und dann im heißen Fett von beiden Seiten vorsichtig goldbraun backen.

Schmorgemüsetopf

Güveçte Türlü

Der Güveç ist ein länglicher, halbrunder Tontopf. Als Ersatz verwenden Sie am besten einen Römertopf oder einen schweren Bräter.

500 g Lamm- oder Hammelgulasch
2 Fleischtomaten
2 Auberginen
2 Zucchini, grob gewürfelt
25 g grüne Bohnen, geputzt und geschnitten
2 Paprikaschoten oder 4 Spitzpaprika, grob gewürfelt
3 Zwiebeln, fein geschnitten
50 g Kuyrukyağı oder Butterschmalz
je 1 TL Salz und frisch gemahlener schwarzer Pfeffer
2 TL Paprikapulver
200 ml Fleischbrühe oder Wasser

Tomaten kurz in kochendes Wasser geben, häuten, Strünke herausschneiden und in Stücke schneiden. Auberginen halbieren und in mundgerechte Stücke schneiden, salzen, 20 Minuten ziehen lassen, mit einem Küchentuch gründlich abtrocknen. Mit Zucchini, Paprika und Bohnen in die Backform geben. Backofen auf 175 °C vorheizen. Zwiebeln im Schmalz glasig dünsten, Fleisch zugeben und gründlich anbraten, Tomaten zugeben, kurz dünsten, mit Salz, Pfeffer und Paprika würzen, über das Gemüse verteilen, heiße Brühe dazugießen und zugedeckt 1 Stunde im Backofen schmoren.

Tip: Dieses Rezept können Sie mit fast jedem Gemüse variieren, zum Beispiel mit Lauch, Kartoffeln, Okra, Rüben, Karotten, Sellerie, Erbsen, …

Weißkohleintopf
Kuşbaşy Etli Kapuska

400 g Rinds- oder Lammgulasch
1 große Zwiebel, fein gewürfelt
50 g Butter
1 Fleischtomate
1 (Weiß- oder Grün-)Kohl
2 Karotten, geraspelt
2 TL Salz
2 EL Zitronensaft
1 frische Peperoni

Zwiebeln und Fleisch in 30 g Butter anbraten. Tomate in kochendes Wasser geben, häuten, Strunk entfernen und fein würfeln, zum Fleisch geben, umrühren und mit Wasser auffüllen, bis das Fleisch bedeckt ist. Köcheln, bis die Flüssigkeit verdampft ist.

Währenddessen unansehnliche äußere Blätter des Kohls entfernen, den Kopf vierteln, Strunk herausschneiden und in feine Streifen schneiden. Karotten und Kohl 5 Minuten mit dem Fleisch mitdünsten, 300 ml Wasser und Salz zugeben und 30 Minuten bei schwacher Hitze zugedeckt garen. Peperoni ganz fein hacken, in der restlichen Butter dünsten und mit Zitronensaft kurz aufkochen. Diese sauerscharfe Mischung vor dem Servieren über den Eintopf geben oder separat an den Tisch stellen.

Zucchinitopf
Kabak Bastısı

500 g Zucchini, gestiftelt
1 Fleischtomate
1 Zwiebel, fein geschnitten
50 ml Olivenöl
250 g Lammgulasch
3 EL gehackte Minze
je 1 TL Salz, Paprikapulver und Zucker oder Honig
2 EL Zitronensaft
400 ml Fleisch- oder Gemüsebrühe

Tomate kurz in kochendes Wasser geben, häuten, Strunk herausschneiden und fein schneiden. Zwiebeln in Olivenöl glasig dünsten, Fleisch zugeben, 5 Minuten unter Rühren braten, Tomaten, Gewürze und Kräuter zugeben, aufkochen, Zucchini einrühren, Brühe zugießen, aufkochen, auf niedrigster Stufe 40 Minuten zugedeckt köcheln.

Albanische Leber

Arnavut Ciğeri

500 g Lammleber
(oder Kalbsleber)
1 EL Paprikapulver
50 g Mehl
200 ml Olivenöl
1 TL Salz

Mehl in einen flachen Teller geben. Leber in Streifen von mundgerechter Länge schneiden, waschen, gründlich abtrocknen, mit Paprikapulver würzen, im Mehl wenden und im heißen Öl unter Rühren 2 bis 3 Minuten braten.

Tip: Die Leberstreifen werden traditionell auf Zwiebelsalat (Rezept Seite 124) serviert und mit einer Tomatenscheibe und einigen Petersilienblättern garniert.

Eiergerichte

Eier finden in der türkischen Küche vielseitige Verwendung: allein und in Begleitung, süß und deftig, heiß und kalt. Eier tragen, wie fast überall auf der Welt, auch symbolische Bedeutung und es gibt traditionelle Bräuche rund ums Ei. Einer gefällt mir besonders gut: Mit dem Fest Hıdırellez feiert man am 6. Mai in Anatolien die Ankunft des Frühlings. Man organisiert Picknicks und beschließt, „die Sorgen und Probleme des vergangenen Jahres wie eine Eierschale abzustreifen“ – man schält ein hartgekochtes Ei und ißt es.

Tomaten mit Eiern gefüllt
Fırında Domatesli Yumurta

- *4 Fleischtomaten*
- *40 g Butter*
- *4 Eier*
- *Salz, Pfeffer, Paprikapulver*
- *1 EL gehackte Petersilie*

Backofen auf 160 °C vorheizen, wenn möglich nur Unterhitze. Kleine Auflaufform buttern. Bei den Tomaten vom Strunk her einen Deckel abschneiden, das Fruchtfleisch innen aushöhlen, ein Stück Butter in jede Tomate legen, ein Ei vorsichtig hineinschlagen, wieder mit dem Deckel verschließen (ohne Strunk) und in die Auflaufform setzen. 20 Minuten bei Unterhitze auf der unteren Schiene backen.

Gemüse mit Ei
Menemen

Menemen ist ein weit verbreitetes und beliebtes Gericht in der Türkei. Es wird sowohl mit Spiegel- als auch mit Rührei zubereitet.

- *1 große Zwiebel, in Ringe geschnitten*
- *4 Fleischtomaten*
- *4 grüne, scharfe Peperoni, in dünne Ringe geschnitten*
- *5 EL Olivenöl*
- *4 Eier*
- *je 1 TL Salz, frisch gemahlener schwarzer Pfeffer und Paprikapulver*

Tomaten kurz in kochendes Wasser geben, häuten und in Streifen schneiden. Zwiebeln im Öl anbraten, Peperoni mit anbraten, Tomaten zufügen, wenige Minuten dünsten. Mit Salz, Pfeffer und Paprika würzen, Eier darüberschlagen und warten, bis sie gestockt sind. Wenn Sie Rührei wünschen: Vorher Eier in eine Schüssel schlagen, verkleppern, zum Gemüse geben und kurz umrühren, zugedeckt stocken lassen. Dazu paßt Joghurtsoße mit Knoblauch.

Hackfleisch mit Eiern

Kıymalı Yumurta

1 große Zwiebel, fein geschnitten
30 g Butter
200 g Rinderhackfleisch
1 Fleischtomate
1 Spitzpaprika, in dünne Ringe geschnitten
8 Eier
Salz und Pfeffer
1 EL Petersilie

Zwiebel in der Butter glasig dünsten, Hackfleisch zugeben und gründlich anbraten. Tomate kurz in kochendes Wasser geben, häuten, würfeln, mit Paprika zum Fleisch geben und dünsten, bis der Fleischsaft verdunstet ist. Vertiefungen in die Hackfleisch-Gemüse-Masse drükken, die Eier vorsichtig hineinschlagen, bei geschlossenem Deckel stocken lassen. Danach salzen, pfeffern und mit Petersilie bestreuen.

Eier mit Sucuk-Würsten

Sucuklu Yumurta

Ein einfaches, deftiges Gericht, das hervorragend zu Salat paßt.

200 g Sucuk-Würste, gehäutet, in ½ cm dicke Scheiben geschnitten
40 g Butter
8 Eier
½ TL Salz
2 TL Paprikapulver

Würste in der Butter anbraten, 3 EL Wasser zugeben und so lange brutzeln, bis das Wasser verdampft ist. Eier darüberschlagen, mit Salz und Paprika würzen und zugedeckt bei reduzierter Hitze fünf Minuten garen.

Sardellen-Eierkuchen
Yumurtalı Hamsi

Hamsi sind kleine frische Sardellen. Als Ersatz können Sie frische Sardinen nehmen, aber keinesfalls eingelegte Sardellen. Wenn die Fische zu groß sind, müssen Sie sie filetieren.

800 g Sardellen, ausgenommen, ohne Köpfe
1 TL Salz
4 Eier
4 EL Zitronensaft
½ TL frisch gemahlener schwarzer Pfeffer
4 EL Öl

Die Sardellen waschen und leicht salzen. Backofen auf 175 °C vorheizen. Eier mit Zitronensaft, dem restlichen Salz und Pfeffer verrühren. 3 EL Öl in eine flache Auflaufform (oder große Quicheform) geben, Sardellen trockentupfen, nebeneinander in die Form legen, mit der Eiermischung bedecken, mit dem restlichen Olivenöl begießen und 20 bis 30 Minuten goldbraun backen.

Eierkuchen mit Honig
Mirtoğa

Dieses süße und leicht zuzubereitende Gericht ist sehr beliebt. Kinder mögen es gerne und Schwangeren wird es nach der Geburt zur Stärkung gereicht. Es paßt zum Tee und schmeckt als Zwischenmahlzeit und Nachspeise.

2 Eier
1 Prise Salz
100 g Butter
100 g (Mais-)Mehl
100 g flüssiger Honig

Butter in einer Pfanne zerlassen, Mehl dazugeben und unter ständigem Rühren goldgeb rösten. Eier und Salz fein verrühren, in die Pfanne geben und kurz rühren. Eierkuchen stocken lassen, wenden, goldbraun braten, Honig darübergeben, in Viertel teilen und sofort servieren.

Gemüse

Die türkische Küche ist eine Fundgrube für Vegetarier. Häufig verwendet werden Auberginen, Tomaten (fast immer geschält), Paprika in vielen Formen, Farben und Schärfen und reichlich Zwiebeln, also Gemüse, das Sie auch bei uns problemlos bekommen. Den Einkauf im türkischen Laden kann ich nur empfehlen, da Sie hier die meisten Gemüse billiger bekommen. Ungewöhnlich und für unsere Geschmacksnerven manchmal überraschend ist die Verwendung von Gewürzen und Kräutern. Minze (nicht Pfefferminze) bekommt man hierzulande nur in gut sortierten Geschäften frisch. Zimt und Nelken kennt man bei uns höchstens im Weihnachtsgebäck, nicht am Gemüse. Die reichhaltige türkische Paprikapulverpalette reicht von mild bis sehr scharf, von grob gestoßen bis fein gemahlen. Lassen Sie sich beim Einkauf beraten, damit Sie beim Essen keine brennende Überraschung erleben. Dabei lieben viele Türken das scharfe Essen. Wenn Kinder mitessen, stellen sie die scharfen Pasten, Öle und Gewürze meist separat an den Tisch. Ein weit verbreitetes Vorurteil ist, daß die türkische Küche ohne Knoblauch nicht auskommt. Das ist falsch: Knoblauch wird nur sehr selten in großen Mengen beigegeben. Ansonsten ist der Knoblaucheinsatz flexibel – richten Sie sich nach Ihren persönlichen Vorlieben. Die türkischen Köche sind versierte Verpackungs- und Verschleierungskünstler: Sie füllen und umhüllen gern. In diesem Kapitel finden Sie nur fleischlose Gemüserezepte. Mit Fleisch gefüllte Gemüse finden Sie im Kapitel „Fleisch“.

Gemüsefüllung – Grundrezept

Yalancı Dolma

150 g Langkornreis
25 g Korinthen
200 ml Olivenöl
25 g Pinien- oder Sonnenblumenkerne
4 Zwiebeln, fein geschnitten
1 Tomate oder
2 EL Tomatenpüree
Gewürz nach Belieben, zum Beispiel je ¼ TL gemahlener schwarzer Pfeffer, gemahlene Nelken, gemahlener Zimt, Paprikapulver, Salz
1 EL Zucker oder Honig
je 1 EL gehackte Petersilie, Dill und/oder Minze

Korinthen in lauwarmem Wasser 30 Minuten einweichen und abgießen. Reis in heißem Salzwasser einweichen, bis das Wasser abgekühlt ist, abgießen und waschen. Tomate kurz in kochendes Wasser geben, häuten und durch ein Sieb streichen. Zwiebeln mit den Pinienkernen in Öl goldgelb braten, Reis und Korinthen zugeben, drei Minuten anbraten, Tomatenpüree und Gewürze unterrühren, mit kochendem Wasser angießen, bis alle Zutaten bedeckt sind, aufkochen lassen, auf kleinster Flamme zugedeckt 15 Minuten köcheln. Der Reis ist dann noch nicht ganz weich. Kräuter unterheben und leicht abkühlen lassen. Als Füllung verwenden.

Gemüse, fritiert

Karişik Yaz Tavasi

(8 Portionen)
2 kleine Auberginen
2 kleine Zucchini
1 Schnitz Kürbis (300 g)
300 g scharfe Peperoni
reichlich Öl zum Fritieren
Joghurtsoße mit Knoblauch, Rezept Seite 25
Tomatensoße, Rezept Seite 40

Die Auberginen schälen, in Scheiben schneiden, lagenweise salzen, eine halbe Stunde ziehen lassen, mit einem Küchentuch trockentupfen. Kürbis und Zucchini schälen und in Dreiecke/Scheiben schneiden. Peperoni gründlich waschen, aber ganz lassen. Gemüse nacheinander fritieren, Peperoni zuletzt, weil das Öl scharf werden kann, auf Küchenkrepp abtropfen lassen, sofort heiß servieren, zum Essen in kalte Joghurt- oder Tomatensoße eintunken.

Gebratenes Gemüse mit Joghurtsoße
Şakşuka

Şakşuka ist ein typisches Gericht der Mittelmeerküste. Es wird in unzähligen Variationen zubereitet. Sie können fast jedes Gemüse dafür verwenden und die Zutatenmengen nach Ihren Vorräten variieren.

2 kleine Auberginen, halbiert und in Scheiben geschnitten
2 kleine Zucchini, halbiert und in Scheiben geschnitten
1 große Fleischtomate
100 ml Olivenöl
1 rote, 1 grüne Paprika, in 2 x 2 cm große Stücke gewürfelt
je ½ Tl Salz und frisch gemahlener schwarzer Pfeffer
1 TL Paprikapulver
Sarimsakli Yoğurt, Rezept Seite 25

Auberginen und Zucchini schichtweise mit Salz bestreuen und mindestens eine halbe Stunde ziehen lassen. Tomate kurz in kochendes Wasser geben, häuten, den Strunk herausschneiden und in mundgerechte Stücke schneiden.

Zucchini und Auberginen mit einem Küchentuch trockentupfen, lagenweise in reichlich Öl anbraten, im Backofen warm halten, Paprika und Tomaten anbraten, mit Zucchini und Auberginen mischen und mit Salz, Pfeffer und Paprikapulver würzen. Die Joghurtsoße mit Knoblauch können Sie darübergeben, unterheben oder auch separat an den Tisch stellen.

Den Imam hat's umgehauen
Imam Bayıldı

Wie der Name dieser mit Zwiebeln gefüllten Auberginen schon andeutet, rankt sich eine Geschichte um dieses Gericht, die in jeder Region etwas anders erzählt wird. Kern der Erzählung: Der Herr des Hauses hatte spontan den Imam eingeladen und sein Frau zauberte in ihrer Not aus den Zutaten, die in einem türkischen Haushalt immer vorrätig sind, diese Speise. Der Gast war so begeistert, daß er bis zum Umfallen davon aß. Und wirklich: Probieren Sie dieses Rezept aus – es zergeht auf der Zunge.

4 mittlere oder
2 große Auberginen
300 ml Olivenöl
400 g Zwiebeln, in feine Ringe gehobelt
4–8 Knoblauchzehen, gepreßt
1 Fleischtomate
1 TL Salz
4 EL gehackte Petersilie
1 Paprikaschote oder
4 mittelscharfe Spitzpaprika
1 TL Zucker oder Honig

Die Auberginen waschen, Stengel entfernen, ganz oder streifenweise schälen, halbieren, kleinere Früchte am Stengelansatz aneinander hängen lassen und aufklappen. Früchte salzen, 30 Minuten stehen lassen, mit Küchentuch trockenreiben, in reichlich Öl von beiden Seiten anbraten. Zucker/Honig mit etwa 150 ml Wasser verrühren und in eine ofenfeste Form gießen. Auberginen dicht aneinander mit den Schnittflächen nach oben hineinlegen.

Tomate kurz in kochendes Wasser geben, häuten, Strunk herausschneiden und würfeln. Zwiebeln kurz im restlichen Öl andünsten, Tomaten und Knoblauch zugeben, kurz weiterdünsten, vom Herd nehmen, mit Petersilie und Salz verrühren, auf die Auberginen legen. Paprikaschoten in Ringen bzw. Peperoni ganz darauflegen. Im Backofen bei 175 °C oder auf dem Herd bei kleinster Hitze mindestens eine Stunde garen, bis die Gemüse ganz weich sind. Heiß oder kalt servieren.

Tip: Sie können auch ganze Auberginen nach demselben Rezept füllen: Schneiden Sie die Früchte der Länge nach auf, salzen Sie auch die Innenseite, braten sie an, pressen Sie die Fülle in die Auberginen und legen Sie diese so in die Form, daß sie nicht mehr aufgehen können.

Karottenköfte
Havuç Köftesi

Dieses Gericht mit getrockneten Aprikosen und Pinienkernen entstammt der Palastküche und ist selbst in der Türkei außerhalb Istanbuls wenig bekannt. Dabei handelt es sich um eine echte Delikatesse, die ich Ihnen nicht vorenthalten will.

500 g junge, süße Karotten, in Scheiben gehobelt
20 g Butter
2 gehäufte EL Semmelbrösel
4 getrocknete Aprikosen, fein zerhackt
4 Frühlingszwiebeln, in feine Scheibchen gehobelt
50 g Pinienkerne
1 Ei
je 1 TL Paprikapulver, Salz und frisch gemahlener schwarzer Pfeffer
je 2 EL gehackte Petersilie, Minze und Dill
Mehl
hitzebeständiges Backfett (kein kaltgepreßtes Olivenöl)
Joghurtsoße mit Knoblauch, Rezept Seite 25

Butter schmelzen, die Karotten anbraten und zugedeckt bei kleinster Hitze 20 Minuten ganz weich dünsten, eventuell vorhandenen Gemüsesaft abgießen, Karotten fein pürieren, mit den restlichen Zutaten (außer Mehl und Öl) zu einem klebrigen Teig kneten und Röllchen formen. Sollte der Teig zu flüssig sein, etwas Semmelbrösel zugeben. Röllchen im Mehl wenden und im heißen Fett ausbacken. Heiß mit der kalten Joghurtsoße servieren.

Karotten mit Linsen in Olivenöl
Zeytinyağlı Havuç

- *400 g Karotten, in Scheibchen geschnitten*
- *100 g Linsen*
- *1 Tomate*
- *50 ml Olivenöl*
- *1 Zwiebel, in feine Scheiben gehobelt*
- *je 1 TL Salz, grobes Paprikapulver, Koriander und Zucker oder Honig*
- *400 ml Gemüse- oder Geflügelbrühe*
- *Joghurtsoße mit Knoblauch, Rezept Seite 25*

Linsen vier Stunden einweichen, abgießen und in frischem Wasser 15 Minuten kochen, bis sie gar sind, in ein Sieb abgießen und mit kaltem Wasser kurz spülen. Tomate kurz in kochendes Wasser geben, häuten, Strunk herausschneiden und fein hacken. Zwiebeln im Olivenöl glasig dünsten, Karottenscheiben zugeben, 5 Minuten dünsten, Tomatenmark, Linsen und Zucker oder Honig zugeben, durchrühren, mit Brühe aufgießen, zum Kochen bringen, 30 Minuten zugedeckt köcheln lassen, mit den restlichen Gewürzen abschmecken, abkühlen lassen. Joghurtsoße darübergießen oder am Tisch separat dazureichen.

Gefüllte, halbierte Auberginen
Patlıcan Dolması

- *4 kleine Auberginen*
- *2 Fleischtomaten*
- *2 Zwiebeln, in Ringe geschnitten*
- *150 ml Olivenöl*
- *200 g Naturreis*
- *2 Knoblauchzehen, gepreßt*
- *je 1 TL Paprikapulver, Salz und frisch gemahlener schwarzer Pfeffer*
- *200 g Beyaz Peynir, gewürfelt*
- *je 1 EL gehacktes Basilikum und Petersilie*

Tomaten kurz in kochendes Wasser geben, häuten, Strünke entfernen und fein schneiden. Die Auberginen halbieren, Fruchtfleisch ausschneiden und würfeln. Zwiebeln in 75 ml Öl glasig dünsten, Knoblauch, Reis, Tomaten und Auberginenfleisch mit anbraten, mit 500 ml heißem Wasser aufgießen, 20 Minuten zugedeckt garen, Käse, Kräuter und Gewürze unterheben. 75 ml Öl und 150 ml Wasser in einen Topf geben, Auberginenschalen mit der Reismischung füllen, in den Topf setzen, zugedeckt 20 Minuten köcheln lassen oder im Backofen bei 200 °C überbacken.

Rote Bohnen in Olivenöl
Zeytinyağlı Barbunya

250 g rote Bohnen
1 Fleischtomate
1 Zwiebel, in Scheiben geschnitten
100 ml Olivenöl
1 Karotte, in Scheiben geschnitten
500 ml Gemüse- oder Fleischbrühe
je 1 TL Salz, Paprikapulver und Zucker oder Honig
2 EL gehackte Petersilie

Bohnen über Nacht in reichlich Wasser einweichen, abgießen und in frischem Salzwasser eine Stunde weich kochen (im Schnellkochtopf: 15 Minuten). Tomate kurz in kochendes Wasser geben, häuten, Strunk herausschneiden und kleinschneiden. Zwiebeln in Olivenöl andünsten, dann Karotte, Tomaten und Fleischbrühe zugeben, würzen, aufkochen lassen, Bohnen abgießen und unterrühren, zugedeckt 30 Minuten köcheln, bis alle Gemüse weich sind, Petersilie unterheben und abkühlen lassen. Dazu reichlich Weißbrot oder Reis servieren.

Tip: Sie können dem Gemüse auch noch kleingeschnittene Kartoffeln und/oder Peperoni hinzufügen.

Grüne Bohnen in Olivenöl
Zeytinyağlı Taze Fasulye

500 g grüne Bohnen
1 Fleischtomate
2 Zwiebeln, in Scheiben geschnitten
75 ml Olivenöl
2 mittelscharfe Spitzpaprika, in Scheiben geschnitten
1 TL Zucker oder Honig und Salz
250 ml Gemüse- oder Fleischbrühe
1 EL Zitronensaft

Tomate kurz in kochendes Wasser geben, häuten, Strunk herausschneiden und fein hacken. Von den Bohnen die Stielansätze und trockenen Spitzen abschneiden, bei älteren Früchten die Fäden abziehen, in mundgerechte Stücke schneiden. Zwiebeln in Olivenöl andünsten, Bohnen zugeben, 2 Minuten weiterdünsten, Tomaten, Paprika, Salz und Zucker/Honig zugeben, mit der Brühe und Zitronensaft aufgießen, aufkochen lassen, 20 Minuten bei kleiner Hitze zugedeckt köcheln lassen. Schmeckt lauwarm oder kalt.

Saures Lauch-/Porreegemüse
Zeytinyağlı Ekşili Pırasa

4 Lauchstangen
1 Tomate
2 Zwiebeln, fein geschnitten
75 ml Olivenöl
4–6 Knoblauchzehen, gepreßt
2 EL gehackte Petersilie
je 1 Tl Salz und Zucker oder Honig
500 ml Gemüse- oder Geflügelbrühe
2 EL Zitronensaft

Tomate kurz in kochendes Wasser geben, häuten, Strunk herausschneiden und fein hacken. Zwiebeln in Olivenöl glasig dünsten, Tomaten, Knoblauch und Petersilie zugeben und 5 Minuten dünsten, mit Salz und Zucker oder Honig würzen. Lauch waschen, grüne Blätter und Wurzeln entfernen, der Länge nach vierteln, in 3 cm lange Streifen schneiden, mit der Brühe in einen feuerfesten Topf geben, aufkochen lassen, Zitronensaft und Zwiebel-Tomaten-Mischung darübergeben, 10 Minuten zugedeckt köcheln, direkt von der Platte unter den vorgeheizten Grill stellen und weitere 10 Minuten bräunen. Abkühlen lassen.

Linsenköfte
Mercimek Köftesi

je 125 g Linsen und weiße Bohnen
1 Zwiebel, gerieben
2 Knoblauchzehen, gehackt
50 g Pinienkerne, gehackt
je 1 TL Koriander, Cumin, Paprikapulver, Salz und frisch gemahlener schwarzer Pfeffer
2 EL gehackte Petersilie

Bohnen und Linsen über Nacht getrennt in reichlich Wasser einweichen, in frischem Wasser erst die weißen Bohnen kochen, nach 45 Minuten die Linsen zugeben und gemeinsam weich kochen, abgießen und durch ein Sieb passieren, mit den restlichen Zutaten zu einem Teig verkneten. Einfacher geht es, wenn Sie die gekochten Linsen und Bohnen mit allen Zutaten mit dem Pürierstab zermixen. Backofen auf 200 °C vorheizen. Aus dem Teig walnußgroße Bällchen formen, auf ein Backblech legen, 30 Minuten backen. Schmeckt heiß oder kalt.

Paprika gefüllt in Olivenöl
Zeytinyağlı Biber

4 Gemüsepaprika, entkernt
50 g Korinthen
150 g Reis
2 Zwiebeln, gerieben
150 ml Olivenöl
50 g Pinienkerne
je 1 TL Zimt, Salz und frisch gemahlener schwarzer Pfeffer
je 1 EL gehackte Minze und Petersilie

Korinthen 30 Minuten in lauwarmem Wasser einweichen und abgießen. Reis in heißem Salzwasser stehen lassen, bis es abgekühlt ist, abgießen und waschen. Zwiebeln in 75 ml Öl glasig dünsten, Pinienkerne zugeben und goldgelb werden lassen, Reis und Korinthen unterrühren, Gewürze zugeben, mit 200 ml Wasser aufgießen und 20 Minuten zugedeckt garen, Kräuter unterheben. 75 ml Öl und 150 ml Wasser in einen Topf geben, Paprika mit der Reismischung füllen, in den Topf setzen, zugedeckt 20 Minuten köcheln lassen. Heiß oder kalt servieren.

Tip: Dieses Gemüsegericht hält sich im Kühlschrank mehrere Tage und eignet sich auch gut als kalte Vorspeise.

Sellerie in Olivenöl
Zeytinyağlı Kereviz

500 g Sellerie
1 Karotte, geviertelt und in Stifte geschnitten
2 Zwiebeln, fein geschnitten
100 ml Olivenöl
500 ml Fleisch- oder Gemüsebrühe
je 1 TL Salz und Zucker oder Honig
1 Kartoffel, gestiftelt
2 EL gehackte Petersilie
50 g gepalte Erbsen

Sellerie schälen, in Scheiben, dann Streifen, dann Stifte schneiden, mit Zwiebeln und Karotte im Olivenöl 5 Minuten dünsten, mit Brühe aufgießen, aufkochen, mit Salz und Zucker oder Honig würzen, 10 Minuten köcheln, Kartoffeln zugeben, weitere 20 Minuten zugedeckt köcheln, Petersilie unterheben, abkühlen lassen. Erbsen in Salzwasser kochen und über das Selleriegemüse geben.

Gefüllter Sellerie
Kereviz Dolması

2 kleine Sellerieknollen
2 EL Zitronensaft
75 ml Olivenöl
1 Zwiebel, fein geschnitten
2 Karotten, geraspelt
2 Kartoffeln, klein gewürfelt
50 g gepalte Erbsen
je 1 TL Salz und Zucker oder Honig
20 g Butter
je 1 EL gehackter Dill und Petersilie

Sellerie schälen, halbieren, aushöhlen, in einer Schüssel mit Wasser bedecken und mit Zitronensaft beträufeln. Zwiebeln in Öl glasig dünsten, erst Karotten dazugeben, 2 Minuten später die Kartoffeln, 10 Minuten später die Erbsen und den Zucker. Noch einmal 10 Minuten garen, am Ende Kräuter unterheben. Währenddessen Zitronenwasser mit dem Sellerie und etwas Salz 10 Minuten kochen. Backofen auf 180 °C vorheizen, eine feuerfeste Form, für die Sie einen Deckel haben, ausbuttern, Selleriehälften mit der Gemüsemischung füllen, 10 Minuten zugedeckt und 10 Minuten offen auf der mittleren Schiene backen. Heiß oder kalt servieren.

Spinat mit Joghurtsoße
Ispanak Boranisi

400 g frischer Blattspinat
100 g Butter
1 kleinere Zwiebel
200 ml dünne Gemüsebrühe oder Salzwasser
75 g Basmatireis
Joghurtsoße mit Knoblauch, Rezept Seite 25

Zwiebel schälen, fein schneiden und in 50 g Butter in einem großen flachen Topf glasig dünsten. Währenddessen Spinat waschen, dicke Stiele entfernen und große Blätter kleinschneiden. Zwiebeln mit Gemüsebrühe ablöschen, kurz aufkochen, Spinat und Reis zugeben, umrühren, Deckel schließen. Bei niedrigster Hitze 20 Minuten köcheln, bis der Reis weich ist. Restliche Butter zerlassen, Spinat mit Joghurtsoße gemischt in eine Servierschüssel geben und flüssige Butter darübergießen.

Tip: Sie können in der Butter, die am Ende geschmolzen wird, noch einen Teelöffel Paprikapulver und einen Eßlöffel Pinienkerne leicht rösten und dies über den Spinat geben.

Zucchinifladen
Mücver

Mücver sind sehr beliebt und entsprechend viele Rezeptvarianten gibt es. Hier ein einfaches Grundrezept und Vorschläge, wie Sie es verfeinern können. Wenn Sie für gefüllte Zucchini Früchte ausgehöhlt haben, können Sie das „übrige" Fruchtfleisch für die Fladen verwenden.

500 g Zucchini, mit oder ohne Schale, fein gerieben
3 Eier
75 g Mehl
4 EL gehackte Kräuter (Petersilie, Minze und/oder Dill)
je 1 TL Salz, frisch gemahlener schwarzer Pfeffer und Paprikapulver
100–200 ml Olivenöl

Das feingeriebene Zucchinimus durch ein Küchentuch abtropfen lassen, mit Eiern, Mehl, Kräutern und Gewürzen zu einem Teig vermischen. Öl in einer Pfanne erhitzen, mit einem Eßlöffel kleine Fladen ins heiße Fett geben, flachdrükken, auf beiden Seiten je zwei Minuten braten, auf Küchenkrepp abtropfen lassen. Dazu paßt Sarimsakli Yoğurt oder Joghurtsoße mit Knoblauch, Rezept Seite 25.

Tip 1: Geben Sie zusätzlich 100 g fein zerbröckelten Schafskäse zum Teig, aber Vorsicht: Schmecken Sie den Teig dann ab, bevor Sie Salz zugeben, da Schafskäse sehr salzig sein kann.

Tip 2: Reiben Sie 100 g Zwiebeln. Diese zusammen mit der Zucchinimasse auspressen, die Gemüsemischung kurz in wenig Olivenöl durchbraten, abkühlen lassen und Teig wie beschrieben mischen.

Zwiebelfladen

Soğan Köftesi

Diese einfachen und beliebten Zwiebelfladen passen gut zu vielen Sorten Pilaw oder zu gegrilltem Fleisch.

500 g Zwiebeln, halbiert und fein gehobelt
1 EL Salz
2 Eier
1 TL frisch gemahlener Pfeffer
100 g Mehl
hitzebeständiges Fett (kein kaltgepreßtes Olivenöl)

Zwiebeln mit Salz mischen und 15 Minuten ziehen lassen, mit kaltem Wasser abspülen, in einem Küchentuch trokkenklopfen, mit Mehl, Eiern und Pfeffer verrühren, eventuell mit etwas Salz abschmecken. Öl in einer schweren Pfanne erhitzen, mit einem Eßlöffel kleine Fladen in das heiße Fett setzen, von beiden Seiten 2 Minuten braten, auf Küchenkrepp abtropfen lassen.

Salate

Salate behaupten sich in der türkischen Küche entweder als eigener Gang oder sie bereichern die kalte Vorspeisen-Vielfalt. Grundsätzlich wird Brot dazu gereicht.

Weißer-Bohnen-Salat
Piyaz

Dies ist ein Klassiker der türkischen Salatplatte.

250 getrocknete weiße Bohnen
Salz
Zwiebelsalat, Rezept Seite 124
1 EL Paprikapulver
je 4 EL Zitronensaft und Olivenöl

Bohnen über Nacht in reichlich Wasser einweichen. In frischem Salzwasser zugedeckt in etwa einer Stunde weich kochen (im Schnellkochtopf: 20 Minuten), abgießen, Olivenöl, Zitronensaft, Paprikapulver und ½ TL Salz gründlich miteinander verrühren, unter die gekochten Bohnen mischen, abkühlen lassen. Zum Servieren Zwiebelsalat auf den Bohnensalat geben.

Tip: Sie können dieses Rezept auch mit jeder anderen Sorte getrockneter Bohnen zubereiten.

Gurkensalat mit Joghurt
Cacık

Cacık klingt nicht zufällig wie das griechische Tsatsiki. Die Griechen haben ihren (ungeliebten) Nachbarn den köstlichen Salat abgeschaut. Cacık schmeckt als Salat für sich, fehlt auf keiner Vorspeisenplatte und eignet sich hervorragend, um gegrilltes Fleisch darin einzutunken.

1 Gurke
2 TL Salz
2 EL gehackter Dill
Joghurtsoße mit Knoblauch, Rezept Seite 25

Die Gurke schälen, hobeln oder raspeln, einsalzen und eine Stunde ziehen lassen, Salzwasser abgießen, Gurken ausdrücken, mit Joghurt und Dill verrühren.

Tip: Wenn Sie normalen statt festen Joghurt nehmen, erhalten Sie eine köstliche kalte Sommersuppe. Probieren Sie das Rezept auch einmal mit Minze statt Dill.

Karottensalat mit Walnüssen
Cevizli Havuç Salatsı

200 g Karotten, geraspelt oder gehackt
3 EL Olivenöl
100 g gehackte Walnußkerne
½ TL Salz
je 1 TL Paprika und frisch gemahlener schwarzer Pfeffer
2 TL Kreuzkümmel, gemahlen
1–3 Knoblauchzehen, gepreßt
100 g Joghurt
2 EL gehackte Petersilie

Karotten im Olivenöl kurz anbraten, Gewürze und Nüsse dazugeben, 5 Minuten dünsten, auskühlen lassen. Joghurt mit Knoblauch fein verrühren, unter die Karottenmischung heben und mit Petersilie bestreuen.

Kartoffelsalat
Patates Salatsı

500 g Salatkartoffeln (fest kochend)
2 Zwiebeln, in Scheiben gehobelt
1 TL Salz
je 2 EL Zitronensaft und Olivenöl
je ½ TL Paprikapulver, Salz und frisch gemahlener schwarzer Pfeffer
1 EL gehackte Minze

Die Kartoffeln in der Schale garkochen. Zwiebelscheiben mit Salz vermischen und eine halbe Stunde ziehen lassen, abspülen und ausdrücken. Olivenöl, Zitronensaft, Salz, Pfeffer und Paprika gründlich zu einer Soße vermischen. Kartoffeln schälen, in Scheiben oder Stücke schneiden oder auf einer Raffel reiben. Etwas auskühlen lassen. Salatsoße darübergeben und vermischen. Die Minze und Zwiebelringe mischen und darüberstreuen.

Paprikasalat
Biber Salatsı

2 rote Paprikaschoten, fein gewürfelt
1 gelbe Parikaschote, fein gewürfelt
4 Stangen Bleichsellerie, in dünnen Scheiben
300 g Beyaz Peynir, gewürfelt
2 rote Zwiebeln, fein geschnitten
6 EL Sonnenblumenöl
4 EL Zitronensaft
1 TL Honig oder Ahornsirup
je ½ TL Salz und frisch gemahlener schwarzer Pfeffer
1 EL gehackte Petersilie

Öl, Zitronensaft, Honig/Ahornsirup, Salz und Pfeffer gründlich zu einer sämigen Soße verrühren, mit Paprika. Sellerie und Zwiebeln mischen, eine halbe Stunde ziehen lassen, Käsestücke unterheben und mit Petersilie bestreuen.

Selleriesalat mit Kokosnuß
Kereviz Salatsı

8 Stangen Staudensellerie, geraspelt
100 g frische Kokosnuß, geraspelt
2 EL Süzme Yoğurt
1–2 Knoblauchzehen, gepreßt
1 EL Zitronensaft
je ½ TL Salz und frisch gemahlener schwarzer Pfeffer
junge Sellerieblätter zum Garnieren

Joghurt, Knoblauch, Zitronensaft, Salz und Pfeffer zu einer sämigen Soße verrühren, mit Sellerie und Kokosnuß gut vermischen, etwas ziehen lassen, mit Sellerieblättern garnieren.

Rote-Bete-Salat
Pancar Salatsı

500 g Rote Bete, gekocht, geschält, in Scheiben
1 EL Zitronensaft
2 EL Olivenöl
1 TL Zucker oder Honig
je ½ TL Salz und frisch gemahlener schwarzer Pfeffer
4 EL Süzme Yoğurt
1–3 Knoblauchzehen, gepreßt

Rote Bete mit Öl, Zitronensaft, Zucker/ Honig, Salz und frisch gemahlenem schwarzen Pfeffer vermischen, einige Stunden ziehen lassen. Rote Bete abtropfen lassen, Soße auffangen und mit Joghurt und Knoblauch verrühren, wieder über die roten Bete geben und servieren.

Tomatensalat
Domates Salatsı

Tomatensalat wird in der Türkei gerne und oft gegessen. Es gibt viele Rezeptvarianten. Hier eine ländliche Spielart:

1 große Zwiebel, in Ringe geschnitten
2 TL Salz
500 g feste Tomaten
4 milde Spitzpaprika, in Ringe geschnitten
1 TL gehackte Minzeblätter
je 4 EL Olivenöl und Zitronensaft

Zwiebelringe mit Salz bestreuen, 10 Minuten ziehen lassen. Tomaten kurz in kochendes Wasser geben, häuten, die Strünke herausschneiden, in mundgerechte Stücke schneiden. Zwiebeln in einem Sieb gründlich ausdrücken, mit kaltem Wasser überbrausen und abtrocknen, mit Paprika und Tomaten mischen. Zitronensaft mit Minze, Öl und einem ½ TL Salz gründlich verrühren, über den Salat geben.

Tip: Wenn Sie Frühlingszwiebeln verwenden, sollten sie diese nicht salzen. Zusätzlich Paprikapulver und/oder eine gepreßte Knoblauchzehe intensivieren den Geschmack. Ein halber TL Honig mildert den Geschmack.

Zwiebelsalat
Soğan Piyazı

Zwiebelsalat ist die typische Beilage zu Kebab und Köfte und wird zum Bohnensalat gereicht oder mit ihm vermischt.

400 g Zwiebeln, in Scheiben gehobelt
2 TL Salz
4 EL gehackte Petersilie
1 EL Sumach (oder Zitronensaft)
2 EL gehackte Oliven

Zwiebeln einsalzen und 30 Minuten stehen lassen, abspülen und auspressen. Mit Petersilie und Sumach mischen, Oliven darüberstreuen.

Hirtensalat
Çoban Salatsı

1 Zwiebel, in Ringe gehobelt
1 TL Salz
500 g Tomaten
1 kleine Gurke, geschält und gewürfelt
1 frische Peperoni, gehackt
3 EL gehackte Petersilie
1–4 Knoblauchzehen, gehackt
je 2 EL Zitronensaft und Olivenöl
½ TL frisch gemahlener schwarzer Pfeffer

Zwiebelringe mit ½ TL Salz mischen und eine halbe Stunde ziehen lassen. Tomaten kurz in kochendes Wasser geben, häuten, würfeln, mit Gurke, Peperoni, Petersilie mischen, Knoblauch, ½ TL Salz, Zitronensaft und Olivenöl gründlich miteinander verrühren, unter den Salat heben und Pfeffer darübermahlen. Zwiebeln abspülen und ausdrücken, dekorativ über den Salat geben.

Pilaws und Nudelgerichte

Hinter dem Sammelbegriff Pilaw verbergen sich leckere, meist herzhafte Pfannengerichte mit Reis, Weizengrütze und anderen Körnern. Verwenden Sie für Reis-Pilaw immer einen hervorragenden Langkornreis, am besten Basmatireis. Das duftende Ergebnis wird Sie überzeugen. Die Fleischbrühe in den Pilaw-Rezepten bereiten Sie nach dem Rezept im Kapitel „Suppen", Seite 48, zu. Sie können auch Fertigsuppen oder Wasser nehmen, aber das merkt man natürlich beim Geschmack.

Reis – Grundrezept

Sade Pilav

200 g Langkornreis
50 g Butter
400 ml heiße Fleisch- oder Gemüsebrühe
1 TL Salz

Reis in heißem Salzwasser stehen lassen, bis das Wasser abgekühlt ist, abgießen, waschen und abtropfen lassen. In der Butter glasig rösten, kochendheiße Brühe zugeben, aufkochen, salzen, Hitze auf kleinste Stufe reduzieren und zugedeckt 20 Minuten garen.

Tip: Dieses Grundrezept können Sie mit den verschiedensten Gemüsesorten abwandeln. Dünsten Sie beispielsweise Zwiebeln glasig, bevor Sie den Reis zugeben, und geben dann beliebiges kleingeschnittenes Gemüse zu. Das bringt Farbe in den Pilaw und eignet sich gut als Resteverwertung kleiner Gemüsemengen.

Reis mit Auberginen

Patlicanlı Pilav

200 g Langkornreis
2 Fleischtomaten
2 Auberginen
1 Zwiebel, fein geschnitten
50 g Butter
2 Knoblauchzehen, gepreßt
500 ml heiße Fleisch- oder Gemüsebrühe
je 1 Teelöffel Salz, Cumin und Piment
100 ml Olivenöl

Auberginen streifig abschälen, vierteln, in mundgerechte Stücke schneiden, lagenweise salzen, 30 Minuten ziehen lassen, mit einem Küchenhandtuch gründlich abtrocknen. Reis in heißem Salzwasser stehen lassen, bis das Wasser abgekühlt ist, abgießen, waschen und abtropfen lassen. Die Tomaten kurz in kochendes Wasser geben, häuten, Strünke entfernen und fein schneiden. Zwiebeln in der Butter glasig dünsten, Knoblauch, Tomaten und Reis zugeben, unter Rühren aufkochen, kochendheiße Brühe zugeben, würzen, Hitze auf kleinste Stufe reduzieren und zugedeckt 20 Minuten garen. Währenddessen die Auberginenstücke jeweils von beiden Seiten in Olivenöl anbraten, unter den garen Reis heben, auf der abgeschalteten Platte 15 Minuten ziehen lassen.

Reis mit Lamm und Korinthen

Kaşgar Pilav

200 g Langkornreis
50 g Korinthen
100 g Butter
2 EL Olivenöl
400 g Lammgulasch
50 g Pinienkerne
2 Zwiebeln, fein geschnitten
2 Karotten, gestiftelt
400 ml heiße Fleisch- oder Gemüsebrühe
2 TL Salz
1 TL gemahlener Zimt
je 1 Messerspitze Piment und Nelkenpulver

Reis in heißem Salzwasser stehen lassen, bis das Wasser abgekühlt ist, abgießen, waschen und abtropfen lassen. Korinthen 30 Minuten in lauwarmem Wasser einweichen und abgießen. Lammfleisch in 50 g Butter und Olivenöl von allen Seiten anbraten, Karotten am Ende kurz mitbraten. Pinienkerne in der restlichen Butter goldbraun rösten, Zwiebeln zugeben und glasig dünsten, Reis zugeben und glasig rösten, Fleisch und Korinthen zugeben, mit kochendheißer Brühe aufgießen, aufkochen, würzen, die Hitze auf kleinste Stufe reduzieren, zugedeckt 20 Minuten garen, Herd ausschalten und weitere 15 Minuten ziehen lassen.

Tip: Sie können Kaşgar Pilav auch schichtweise (angebratenes Fleisch, Korinthen, angebratener Zwiebelreis) in eine Auflaufform geben, mit kochender Fleischbrühe aufgießen und im vorgeheizten Backofen zugedeckt bei 250 °C garen.

Reis mit Kirschen
Vişneli Pilav

Bei diesem Gericht läßt sich nicht so recht entscheiden, ob es nun süß oder herzhaft ist. In der Türkei wird es gerne im Frühsommer – zur Kirschenzeit – gegessen und sowohl kalt als auch warm serviert.

200 g Langkornreis
50 g Butter
200 g entsteinte Sauerkirschen
je 1 TL Salz und Honig
400 ml heiße Fleisch- oder Gemüsebrühe

Reis in heißem Salzwasser stehen lassen, bis das Wasser abgekühlt ist, abgießen, waschen und abtropfen lassen. Die Kirschen und den Honig in der Butter karamelisieren, Reis und kochendheiße Brühe zugeben, aufkochen, salzen, Hitze auf kleinste Stufe reduzieren und zugedeckt 20 Minuten garen. Einmal umrühren und auf der abgeschalteten Platte 20 Minuten ziehen lassen.

Hühnerpilaw
Tavuklu Pilav

Für dieses Rezept brauchen Sie eigentlich ein junges, noch nicht zähes Huhn. Sie sind in Deutschland sehr schwer zu bekommen, weichen Sie deshalb auf ein großes Hähnchen aus.

1 ganzes Huhn (etwa 1 kg) oder Hähnchen
1 Bund Suppengemüse (Lauch, Zwiebeln, Sellerie, Karotte, Petersilie)
200 g Langkornreis
50 g Butter
1 TL Salz

Das Huhn mit dem Suppengemüse eine Stunde garkochen (im Schnellkochtopf: 20 Minuten). Den Reis in heißem Salzwasser stehen lassen, bis das Wasser abgekühlt ist, abgießen, waschen und abtropfen lassen. In der Butter glasig rösten, 400 ml kochendheiße Hühnerbrühe zugeben, aufkochen, Hitze auf die kleinste Stufe reduzieren und zugedeckt 20 Minuten garen. Huhn häuten, Fleisch von den Knochen lösen, in mundgerechte Stücke schneiden, unter den Reis heben und auf der abgeschalteten Platte 10 Minuten ziehen lassen.

Leberpilaw
Iç Pilav

250 g Geflügel- oder Lammleber
200 g Langkornreis
50 g Korinthen
50 g Pinienkerne
50 g Butter
2 Zwiebeln, fein geschnitten
400 ml heiße Fleisch- oder Gemüsebrühe
1 TL Salz
je ½ TL Piment und Zimt

Reis in heißem Salzwasser stehen lassen, bis das Wasser abgekühlt ist, abgießen, waschen und abtropfen lassen. Korinthen in lauwarmem Wasser 30 Minuten einweichen und dann abgießen. Pinienkerne in Butter goldgelb rösten, Zwiebeln zugeben und glasig dünsten, Leber darin von allen Seiten vorsichtig anbraten, Korinthen kurz mitbraten, alles aus dem Topf nehmen und zugedeckt beiseite stellen. Eventuell noch etwas Butter nachgeben, Reis darin glasig rösten, kochendheiße Brühe zugeben, aufkochen, würzen, Hitze auf kleinste Stufe reduzieren und zugedeckt 20 Minuten garen. Lebermischung unter den Reis heben, zugedeckt auf der abgeschalteten Platte 15 Minuten ziehen lassen.

Sardellenpilaw
Hamsi Pilavı

Hamsi sind kleine frische Sardellen, wie man sie vor allem an der Schwarzmeerküste in rauhen Mengen verzehrt. Als Ersatz gehen auch kleine frische Sardinen. Wenn Sie im Fischgeschäft nicht fündig werden, suchen Sie mal in den Tiefkühlschränken gut sortierter Supermärkte.

500 g frische kleine Sardellen, ausgenommen
2 Zwiebeln, fein geschnitten
100 ml Olivenöl
250 g Langkornreis
25 g Korinthen
50 g Pinienkerne
je 1 EL Zucker oder Honig und gehackte Minze
600 ml kochendes Wasser
je ½ TL Pfeffer, Zimt und Sumach
1 TL Salz

Reis in heißem Salzwasser stehen lassen, bis das Wasser abgekühlt ist. Korinthen 20 Minuten in lauwarmem Wasser einweichen. Fischlein waschen, Köpfe und Rückengräten entfernen, aufklappen, einsalzen und ziehen lassen. Zwiebeln in 50 ml Olivenöl glasig dünsten, Reis zugeben und glasig rösten, Korinthen, Pinienkerne und Zucker/Honig zugeben, mit dem heißen Wasser aufgießen, zugedeckt auf kleinster Flamme 15 Minuten dünsten. Anschließend mit Salz, Pfeffer, Zimt und Minze würzen. Backofen auf knapp 200 °C vorheizen. Die Sardellen mit einem Küchentuch abtrocknen. Restliches Olivenöl in eine feuerfeste Fom geben, die Hälfte der Fische mit der Haut nach unten hineinlegen, Pilaw einfüllen, die restlichen Fische mit der Haut nach oben drauflegen, mit einem Deckel oder Folie verschließen, 30 Minuten backen. Zum Servieren mit Sumach bestreuen.

Reis mit Kichererbsen
Nohutlu Pilav

100 g Kichererbsen
200 g Langkornreis
50 g Butter
1 Zwiebel, fein geschnitten
500 ml heiße Fleisch- oder Gemüsebrühe
1 TL Salz

Kichererbsen über Nacht einweichen, in frischem Salzwasser in 45 Minuten weich kochen (im Schnellkochtopf: 15 Minuten). Reis in heißem Salzwasser stehen lassen, bis das Wasser abgekühlt ist, abgießen, waschen und abtropfen lassen. Die Zwiebeln in der Butter glasig dünsten, Reis und Kichererbsen zugeben, mit kochendheißer Brühe aufgießen, aufkochen, salzen, Hitze auf kleinste Stufe reduzieren und zugedeckt 20 Minuten garen. Platte abschalten und weitere 15 Minuten zugedeckt ziehen lassen.

Tip: Sie könnnen dieses Gericht mit 50 g eingeweichten Korinthen, 200 g angebratenem Lammgulasch und/oder 1 TL Zimt erweitern und verfeinern.

Pilaw mit Weizengrütze
Bulgur Pilavı

250 g Bulgur (Weizengrütze)
50 g Butter
1 Zwiebel, fein geschnitten
600 ml heiße Fleisch- oder Gemüsebrühe
1 TL Salz

Bulgur in einem Sieb waschen. Zwiebeln in der Butter glasig dünsten, Weizengrütze kurz mitdünsten, kochendheiße Brühe zugeben, aufkochen, salzen, Hitze auf kleinste Stufe reduzieren und zugedeckt 20 Minuten garen. Herd ausschalten und weitere 15 Minuten ziehen lassen.

Tip: Dieses Grundrezept können Sie mit den verschiedensten Gemüsesorten abwandeln. Braten Sie die Gemüse nach den Zwiebeln mit an und geben Sie dann Bulgur dazu.

Weizengrütze mit Lammfleisch

Kuzulu Bulgur Pilavı

- *250 g Bulgur (Weizengrütze)*
- *2 Fleischtomaten*
- *50 g Kuyrukyağı oder Butterschmalz*
- *2 EL Olivenöl*
- *2 Zwiebeln, fein geschnitten*
- *250 g Lammgulasch*
- *500 ml heiße Fleisch- oder Gemüsebrühe*
- *je 1 TL Salz, Paprikapulver, Cumin und Koriander*

Bulgur in einem Sieb waschen. Tomaten kurz in kochendes Wasser geben, häuten, Strünke entfernen und fein schneiden. Zwiebeln in Fett und Öl glasig dünsten, Lammwürfel mitanbraten, Tomaten einrühren und 10 Minuten köcheln, gelegentlich umrühren. Die Weizengrütze und kochendheiße Brühe zugeben, aufkochen, würzen, Hitze auf kleinste Stufe reduzieren und zugedeckt 20 Minuten garen. Herd ausschalten und weitere 15 Minuten ziehen lassen.

Nudeln, überbacken

Fırında Makarna

- *500 g Nudeln (Makkaroni oder Penne)*
- *1 EL Salz*
- *50 g Butter*
- *500 ml Milch*
- *4 Eier*
- *½ TL frisch gemahlener schwarzer Pfeffer*
- *200 g geriebener Kaşarkäse (oder Gouda/Greyerzer)*
- *2 EL gehackte Petersilie*

Nudeln in reichlich Salzwasser bißfest garkochen. Den Ofen auf 175 °C vorheizen, Auflaufform mit der Hälfte der Butter ausfetten, abgetropfte Nudeln hineingeben, Eier, Milch und eine Prise Salz schaumig schlagen, über die Nudeln gießen. Käse mit Pfeffer und Petersilie mischen, über die Nudeln streuen, restliche Butter in Flöckchen daraufsetzen, 30 Minuten backen.

Türkische Ravioli
Mantı

Dieses Gericht macht ein wenig Mühe. Mantı sind eine Spezialität aus Kayseri, einer Hochburg türkischer Kochkunst. Je winziger die kleinen Teigtäschchen sind, desto höher wird der Koch geschätzt. Sie sollten es aber nicht mit jenem historischen Küchenkünstler aufnehmen, der die gefüllten Dreieckchen so winzig zubereitete, daß ihrer 40 in einen einzigen Suppenlöffel paßten. Prinzipiell gibt es zwei Formen von Mantı: geschlossene Dreiecke (Klasik Mantı) und oben offene Säckchen (Fırında Mantı).

Für den Teig:
200 g Mehl
2 Eier
½ TL Salz
evtl. Wasser

Für die Füllung:
200 g Hackfleisch (Kalb oder Lamm)
1 Zwiebel, gerieben
1 EL gehackte Petersilie
je ½ TL Salz und frisch gemahlener schwarzer Pfeffer
3 TL Paprikapulver
500 ml Fleisch- oder Gemüsebrühe
Sarimsakli Yoğurt, Rezept Seite 25
75 g Butter

Zutaten zu einem geschmeidigen Teig verarbeiten. Sollte er zu fest sein, teelöffelweise Wasser unterkneten. Teig zugedeckt mindestens eine halbe Stunde ruhen lassen.

In dieser Zeit die Füllung zubereiten: Hackfleisch mit Zwiebeln, Petersilie, Salz, Pfeffer und einem Teelöffel Paprikapulver verkneten. Nudelteig ausrollen, zusammenklappen, wieder ausrollen – diesen Vorgang mehrmals wiederholen, bis der Teig an einer Schnittstelle feine Schlieren zeigt. Am schnellsten arbeiten Sie dabei mit einer Walzen-Nudelmaschine, ansonsten nehmen Sie das Nudelholz. Den durchgearbeiteten Nudelteig zu einer zwei Millimeter dicken Platte ausrollen, Quadrate mit drei Zentimetern Seitenlänge schneiden, auf die Mitte jedes Quadrats ein Häufchen Füllung setzen.

Klasik Mantı

Für diese Version klappen Sie die Quadrate zu Dreiecken und drücken sie an den Rändern fest aufeinander. Die Brühe mit einem Liter Salzwasser mischen und zum Kochen bringen, Mantı darin etwa 15 Minuten sieden lassen, abgießen. Passen Sie auf, daß das Wasser nicht sprudelt, die Dreiecke gehen sonst leicht auf.

Fırında Mantı

Backofen auf 200 °C vorheizen. Eine feuerfeste Form, für die Sie auch einen Deckel haben, ausbuttern. Fassen Sie die mit Füllung besetzten Teigquadrate an den Ecken an und drücken Sie diese nach oben zu einem Säckchen zusammen. Die Mantı müssen nur die Form behalten, nicht ganz fest zusammengedrückt werden. Teigsäckchen dicht nebeneinander in die feuerfeste Form setzen, 20 Minuten offen backen, mit der kochendheißen Brühe angießen, bedecken und weitere 20 Minuten garen.

Joghurtsoße mit Knoblauch zubereiten. Butter mit zwei Teelöffeln Paprikapulver aufschäumen. Heiße Mantı auf vorgewärmte Teller verteilen, Joghurtsoße darüber verteilen, mit Paprikabutter begießen, sofort servieren.

Tip: Wenn Sie Vegetarier sind, füllen Sie die Mantı zum Beispiel mit Spinat (Rezept „Spinatfüllung“ im Kapitel „Gefüllt, geschichtet und gerollt“, Seite 136) oder Tomaten (Rezept „Scharfes Tomatenpüree“ im Kapitel „Kalte Vorspeisen“, Seite 35).

Gefüllt, geschichtet und gerollt

Die Rezepte in diesem Kapitel machen alle recht viel Arbeit. Sie können es sich aber erleichtern, wenn Sie wenigstens den Blätterteig und die Yufkablätter, die häufig verwendet werden, nicht selbst zubereiten, sondern im Fachgeschäft kaufen. Für die große Mühe werden Sie mit raffinierten Gaumenfreuden und zufriedenen Gästen belohnt, denn mit Teig geschichtete und gerollte sowie in Teig gebackene Gerichte üben immer eine besondere Faszination aus. Sie entsprechen dem türkischen Naturell zum „Geschichten erzählen". Zunächst einige Grundrezepte für typische Füllungen.

Käsefüllung

400 g Beyaz oder Köy Peynir
2 Eier
je 1 EL gehackte Minze, Petersilie und Dill

Den Käse zerkrümeln und zusammen mit den Eiern und den Kräutern zu einem cremigen Mus verrühren.

Gemüsefüllung

Zubereiten nach dem Rezept „Yalancı Dolma" im Kapitel „Gemüse", Seite 108.

Spinatfüllung I

1 Zwiebel, fein geschnitten
20 g Butter
300 g frischer Blattspinat
2–4 Knoblauchzehen, gepreßt
1 EL Mehl
100 ml Milch
½ TL grobes Paprikapulver
1 Prise Muskatnuß
Salz, Pfeffer

Die Zwiebeln in Butter andünsten, währenddessen Spinat waschen, von dicken Stielen befreien, fein hacken, mit dem Knoblauch zu den Zwiebeln geben und einige Minuten dünsten. Das Mehl und die Gewürze zugeben, anschwitzen lassen, mit Milch aufgießen, aufkochen und köcheln lassen, bis die Füllung zu einer sämigen Soße eindickt.

Spinatfüllung II

500 g frischer Blattspinat
1 große Zwiebel, fein geschnitten
30 g Butter
je ½ TL grobes Paprikapulver, Salz und frisch gemahlener schwarzer Pfeffer

Zwiebeln in Butter glasig dünsten. Währenddessen Spinat waschen, von Stielen befreien und fein hacken, zu den Zwiebeln geben, so lange dünsten, bis das Wasser verdunstet ist, Paprikapulver dazugeben und mit Salz und Pfeffer abschmecken.

Hackfleischfüllung

1 Zwiebel, fein geschnitten
2 EL Olivenöl
200 g Hackfleisch (vom Kalb oder Lamm)
2 Knoblauchzehen, gepreßt
1 TL Zimt oder Kreuzkümmel
je 1 EL gehackte Minze und Petersilie
je 1 TL Salz und frisch gemahlener schwarzer Pfeffer

Zwiebeln im Olivenöl andünsten, Fleisch und Knoblauch zugeben, anbraten, bis das Hackfleisch durch und eventuelle Flüssigkeit verdampft ist, Kräuter und Gewürze unterrühren.

Blechkuchen mit Hackfleisch
Tepsi Böreği

Tepsi ist das Backblech, zum Backen dieses geschichteten Gerichtes verwenden Sie am besten die etwas tiefere Fettpfanne.

30 g Butter
Hackfleischfüllung – siehe oben
4 Yufkablätter (gekaufte) oder 8 selbstgebackene, Rezept Seite 22
Joghurtsoße mit Eiern, Rezept Seite 24 und Käse
1 EL Olivenöl

Backblech buttern, Backofen auf 200 °C vorheizen. Die Yufkablätter vierteln bzw. halbieren, aber jeweils ein größeres Boden- und Deckblatt zurückbehalten. Ein Bodenblatt aufs Blech legen, mit der Joghurtsoße bestreichen, zwei weitere Platten darauflegen, ebenso bestreichen, die nächste Platte mit der Hälfte der Hackfleischfüllung belegen, dann folgen wieder Yufkablätter nur mit Joghurtsoße und als vorletzte Schicht noch einmal Hackfleisch. Die Deckplatte mit Olivenöl bepinseln. Etwa 40 Minuten auf der unteren Schiene backen.

Zigarrengebäck
Sigara Böreği

Die Form gab diesem würzigen Knabbergebäck seinen Namen: Es wird wie Zigarren gerollt und in Fett ausgebacken. Für die Füllung gibt es verschiedene Möglichkeiten.

(24 Stück)
4 Yufkablätter (gekaufte) oder 8 selbstgemachte
Fritierfett oder reichlich hocherhitzbares Öl (kein Olivenöl)
Eine beliebige Füllung vom Anfang dieses Kapitels

Die Blätter in 10 Zentimeter breite Streifen schneiden und etwas von der ausgewählten Füllung auf die Streifen geben, mit seitlichem Einschlagen gegen Auslaufen schützen und aufrollen. Gegen Ende mit Wasser oder Eiweiß (wirkt wie Klebstoff) bepinseln und fertig aufrollen. Die „Zigarren“ im Fett schwimmend goldgelb ausbacken. Das geht am einfachsten in einer Friteuse. Ansonsten können Sie auch einen möglichst hohen Topf nehmen und mindestens drei Zentimeter hoch Öl hineingeben.

Reis im Yufkamantel
Yufkalı Pilav

200 g Langkornreis
100 g Butter
2 Zwiebeln, fein geschnitten
400 ml heiße Fleisch- oder Gemüsebrühe
1 TL Salz
1 großer Yufkafladen aus dem Fachgeschäft oder 2 selbstgebackene, Rezept Seite 22

Reis in heißem Salzwasser stehen lassen, bis das Wasser abgekühlt ist, abgießen, waschen und abtropfen lassen. Zwiebeln in 50 g Butter glasig dünsten, Reis und kochendheiße Brühe zugeben, aufkochen, salzen, Hitze auf kleinste Stufe reduzieren und zugedeckt 20 Minuten garen. Backofen auf 175 °C vorheizen, flache Auflaufform oder Backblech fetten, restliche Butter schmelzen, Yufkafladen ausbreiten, Pilaw auf die Mitte setzen, Fladen von allen Seiten über den Reis schlagen, mit Butter bestreichen, 20 Minuten überbacken.

Tip: Yufkalı Pilav können Sie auch mit jedem anderen Pilaw füllen. Besonders verbreitet ist die Füllung mit Iç Pilav oder Kaşgar Pilav.

Hühnchentaschen

Yufkali Piliç

1 Hühnchen (400 g) oder
½ Hähnchen
1 Fleischtomate
50 g Butter
1 EL Olivenöl
1 Zwiebel, fein geschnitten
1 Peperoni, fein geschnitten
1 TL Salz
100 ml Brühe oder Wasser
2 Yufkablätter

Tomate kurz in kochendes Wasser geben, häuten, Strunk entfernen und fein schneiden. Das Hühnchen zerteilen, 1 EL Butter und Öl zusammen in einem schweren Topf erhitzen, Fleischteile von allen Seiten darin anbraten, herausnehmen. Die Zwiebeln im selben Fett glasig dünsten, Peperoni, Tomaten und Salz zugeben, einige Minuten dünsten und Fleisch ins Gemüse legen, mit der Brühe aufgießen, zum Kochen bringen, zugedeckt auf kleinster Flamme 40 Minuten ganz weich dünsten, Platte abschalten und im Topf abkühlen lassen.

Fleisch aus dem Gemüse nehmen, von den Knochen lösen, kleinschneiden, wieder unters Gemüse rühren. Backofen auf 250 °C vorheizen. Restliche Butter zerlassen, Yufkablätter halbieren, mit Butter bestreichen, je ein Viertel der Fleisch-Gemüse-Mischung auf die Yufka legen, von allen vier Seiten den Teig über die Füllung schlagen, so daß eine längliche Tasche entsteht, Taschen mit Butter bestreichen, Backform mit Butter ausstreichen und die vier Yufka-Pakete in die Form setzen. Bei starker Hitze in 5 bis 10 Minuten goldgelb und kroß backen, sofort servieren.

Kebab im Teigmantel
Yufkali Saç Kebabi

250 g durchwachsenes Lammfleisch (aus der Keule oder Schulter)
1 Fleischtomate
50 g Kuyrukyağı oder Butterschmalz
1 Zwiebel, in feine Scheiben gehobelt
1 hellgrüner Spitzpaprika, gehackt
je 1 TL Salz, frisch gemahlener schwarzer Pfeffer und Paprikapulver
je ½ TL Cumin und Zimt
2 EL Zitronensaft
je 2 EL gehackte Petersilie und Dill
8 frische Yufkablätter, Rezept Seite 22

Tomate kurz in kochendes Wasser geben, häuten, Strunk entfernen und fein schneiden. Das Fleisch in mundgerechte Stücke schneiden und im Fett von allen Seiten anbraten, Zwiebeln und Paprika dazugeben und dünsten, 100 ml Wasser, Tomaten, Zitronensaft und alle Gewürze zugeben, kurz aufkochen lassen und auf kleinster Stufe zugedeckt 90 Minuten schmoren. Yufka frisch zubereiten, mit Kebab füllen und sofort servieren.

Tip: Sie können den Kebab auch in gekaufte Yufka einschlagen und im Ofen überbacken.

Spinatauflauf, geschichtet
Ispanaklı Börek

(6 Portionen)
40 g Butter
Spinatfüllung II – Rezept Seite 136
Joghurtsoße – Rezept Seite 25
6 Yufkablätter – Rezept im Kapitel „Brot“, Seite 22
Alternative:
150 g Blätterteig

Backofen auf 175 °C vorheizen. Tiefes Backblech (Fettpfanne) buttern. Erstes Yufkablatt legen, mit Joghurtsoße bestreichen und mit den Fingern etwas kräuseln. Zweites darauflegen und ebenfalls mit Joghurtsoße bestreichen. Drittes Yufkablatt mit Joghurtsoße und der Spinatfüllung belegen. Restliche Yufkablätter wieder mit Joghurtsoße bestreichen, restliche Soße darübergießen. In etwa ½ Stunde goldbraun backen.

Desserts und Kuchen

Türkische Desserts sind süß, sehr süß, und viele triefen vor Zuckersirup. Doch den Zuckersirup ißt man nicht komplett mit. Allerdings verlangt das süße Naschwerk geradezu nach einem kräftigen Mokka. Es ist sehr schwierig, bei diesen Rezepten Mengenangaben zu machen – wo der eine nach wenigen Bissen gesättigt ist, kann der andere immer weiter naschen. Doch bei den meisten Nachspeisen ist das ohnehin egal, sie halten sich gut einige Tage im Kühlschrank – Zucker ist bekanntlich ein Konservierungsmittel. Die meisten für gewöhnlich warm servierten Spezialitäten schmecken außerdem auch kalt sehr gut. Und hier zur süßen Einstimmung das Rezept für den unentbehrlichen Zuckersirup.

Zuckersirup

1 kg Zucker
750 ml Wasser
2 TL Zitronensaft

1. Möglichkeit: Alle Zutaten aufkochen, Schaum abschöpfen und 10 Minuten kochen.

2. Möglichkeit: Zutaten in einen Topf geben und Zucker unter Rühren langsam und vorsichtig schmelzen. Wenn alles gelöst ist, nur eine Minute kochen.

Nuß-Honig-Schnitten
Baklava

Diese türkische Spezialität hat Eingang in die Küchen der Welt gefunden.

500 g tiefgefrorener Blätterteig
125 g Butter
250 g Walnüsse, gehackt
75 g Pistazien, gehackt
75 g Mandeln fein, gerieben
250 g Honig
3 EL Orangensaft
Saft einer halben Zitrone

Den Boden einer Kastenform mit Alufolie auslegen, die Ränder der Form gut mit Butter fetten. Jede Teigplatte zu doppelter Kastenformgröße ausrollen und halbieren. Die Nüsse miteinander mischen. Butter schmelzen. Eine Teigplatte in die Form legen, mit Butter bepinseln, mit Nüssen bestreuen. Mit einer Teigplatte bedecken, bepinseln, bestreuen und so fort. Mit einer Teigplatte abschließen. Das Gebäck auf der untersten Schiene 15 Minuten, auf der mittleren 30 Minuten bei 200 °C backen. Den Honig leicht erwärmen, mit den Säften verrühren, über den fertigen, noch heißen Kuchen gießen, über Nacht ziehen lassen.

Spritzgebäck in Sirup
Tulumba Tatlısı

40 g Butter
1 Prise Salz
125 g Mehl
25 g Grieß
3 Eier
reichlich Öl zum Fritieren

Zuckersirup aus 400 g Zucker, 300 ml Wasser und 1 EL Zitronensaft kochen, Rezept Seite 142. Butter, Salz und 200 ml Wasser zum Kochen bringen, die Hitze reduzieren, Mehl und Grieß gründlich einrühren bis sich der Teig vom Topfrand löst (Brandteig), vom Herd nehmen, etwas abkühlen lassen. Eier einrühren, Teig in eine große Spritztüte füllen, Öl vorsichtig erhitzen und etwa 5 Zentimeter lange Teigstücke ins Öl spritzen, nicht zu viele auf einmal, die Tulumba verdoppeln ihre Größe. Beim Fritieren das Öl nicht zu heiß werden lassen, damit die Tulumba außen nur hellbraun, innen aber durch sind, auf Küchenkrepp abtropfen lassen und in Zuckersirup einlegen. Warm oder kalt servieren.

Fladen in Sirup
Gözleme Tatlısı

(6 Portionen)
6 Gözleme, Rezept Seite 22
3 EL gehackte Pistazien oder Walnüsse

Zuckersirup aus 200 g Zucker, 150 ml Wasser und 1 Teelöffel Zitronensaft kochen, Rezept Seite 142. Frisch gebackene Gözleme in einer ausreichend großen Form aufeinanderstapeln, mit Sirup übergießen und ziehen lassen. Einzeln aufrollen und mit Pistazien oder Walnüssen bestreuen.

Fettgebäck
Lokma

20 g Hefe (Würfel)
1 TL Zucker
200 g Mehl
Prise Salz
reichlich Öl zum Ausbacken

Zuckersirup aus 300 g Zucker, 300 ml Wasser und einem Spritzer Zitronensaft kochen, Rezept Seite 142. Hefe und Zukker in 200 ml lauwarmem Wasser lösen, an einem warmen Ort stehen lassen, bis die Hefe Blasen wirft, mit Mehl und Salz zu einem geschmeidigen Teig verarbeiten. Öl in der Friteuse erhitzen, den Teig tropfenweise (daumenkuppengroß) ins Fett drücken. Das gelingt, indem Sie den Teig entweder zwischen Zeigefinger und Daumen durchdrücken oder den Teig aus der Faust beim kleinen Finger herausdrücken. In wenigen Minuten auf beiden Seiten goldgelb backen, auf Küchenkrepp abtropfen, noch heiß 10 Minuten im kalten Zuckersirup ziehen lassen.

Frauennabel
Hanım Göbeği

50 g Butter
1 Prise Salz
200 g Mehl
3 Eier
reichlich Öl zum Fritieren

Zuckersirup aus 400 g Zucker, 300 ml Wasser und 1 EL Zitronensaft kochen, Rezept Seite 142. Butter, Salz und 200 ml Wasser zum Kochen bringen, Hitze reduzieren, Mehl gründlich einrühren bis sich der Teig vom Topfrand löst (Brandteig), vom Herd nehmen, etwas abkühlen lassen, Eier einrühren, Teig zu walnußgroßen Kugeln formen, flachdrükken und mit dem Zeigefinger in der Mitte tief eindrücken, Öl vorsichtig erhitzen, Teigstücke ins Öl setzen, nicht zu viele auf einmal, sie verdoppeln ihre

Größe. Beim Fritieren das Öl nicht zu heiß werden lassen, damit die Frauennabel außen nur hellbraun, innen aber durch sind, auf Küchenkrepp abtropfen lassen und in Zuckersirup einlegen. Warm oder kalt servieren.

Grießbiskuit mit Sirup
Revani

(8 Portionen)
10 g Butter
6 Eier, getrennt
100 g Mehl
100 g Weizengrieß
100 g Zucker oder Honig
geriebene Schale einer ungespritzten Orange
250 g Kaymak (oder Crème fraîche)

Runde Backform einfetten, Backofen auf 175 °C vorheizen. Eiweiß mit einer Prise Salz zu Eischnee schlagen, kalt stellen. Eigelb mit Zucker quirlen, bis eine weißschaumige Masse entstanden ist und der Zucker sich komplett gelöst hat. Orangenschalen mit Mehl und Grieß mischen und nach und nach zum Eigelb rühren, Eiweiß am Ende unterziehen, in die Backform geben und eine halbe Stunde goldgelb backen. Zuckersirup aus 400 g Zucker, 300 ml Wasser und 2 EL Zitronensaft kochen, Rezept Seite 142. Heißen Biskuit in Würfel schneiden, mit dem Sirup übergießen und in den abgeschalteten Ofen stellen, abkühlen lassen und kalt mit Kaymak servieren.

Käseplätzchen in Sirup

Peynir Tatlısı

100 g Mehl
1 Messerspitze Backpulver
1 EL Zucker
75 g weißer Käse (selbstgemachter Käse Rezept Seite 26, ersatzweise Ricotta), fein zerdrückt
50 g Butter
1 Ei

Backofen auf 200 °C vorheizen, Backblech mit 30 g Butter einfetten. Klebrigen Teig kneten aus allen Zutaten, mit dem Teelöffel kleine Häufchen auf das Backblech setzen und 30 Minuten kräftig braun backen. Zuckersirup aus 250 g Zucker, 225 ml Wasser und ½ TL Zitronensaft kochen, Rezept Seite 142. Die Hälfte des heißen Sirup über die Plätzchen gießen, drei Minuten weiterbacken, restlichen Sirup darübergießen und im abgeschalteten Rohr ziehen lassen.

Sirupplätzchen

Şekerpare

125 g Butter, zimmerwarm
100 g Zucker
2 Eier
300 g Mehl
Prise Salz
Messerspitze Backpulver
etwa 20 geschälte Mandeln
1 EL Rosenwasser

Backofen auf 175 °C vorheizen. Butter und Zucker miteinander schaumig rühren, ein Ei und ein Eigelb gründlich unterrühren, Salz, Backpulver und Mehl miteinander mischen, zum Teig geben, verkneten, walnußgroße Kügelchen auf ein Backblech setzen, mit Eiweiß bepinseln, in die Mitte jedes Plätzchens eine Mandel drücken, in 25 Minuten goldbraun backen. Zuckersirup aus 600 g Zucker, 600 ml Wasser und 1 EL Zitronensaft kochen, Rezept Seite 142. Die Hälfte des heißen Sirups über die Plätzchen gießen und fünf Minuten im noch heißen, aber abgeschalteten Rohr ziehen lassen. Restlichen Sirup und das Rosenwasser darübergeben und abkühlen lassen.

Mehl-Helwa
Un Helvası

200 g Butter
250 g Mehl
150 g gehackte Pistazien oder Walnüsse
250 ml Milch
250 g Zucker oder Honig

Butter, Mehl und die Pistazienkerne bei schwacher Hitze schmelzen und rösten, bis das Mehl goldbraun wird, das kann 10 bis 20 Minuten dauern. Parallel Milch und Honig einmal kurz aufkochen und heiß halten. Die Zuckermilch zum gebräunten Mehl gießen und etwa 10 Minuten unter ständigem Rühren köcheln. Lauwarm werden lassen und dann servieren.

Tip: Es gibt auch ein Mehl-Helwa-Rezept mit 400 ml Wasser statt Milch. Dafür müssen Sie 100 g Zucker mehr nehmen und nach dem Aufgießen nur noch kurz kochen und rühren.

Grieß-Helwa
Irmik Helvası

150 g Butter
200 g Grieß
150 g Pinienkerne oder geschälte Mandeln
400 ml Milch
250 g Zucker
1 TL gemahlener Zimt

Butter, Grieß und die Pinienkerne bei schwacher Hitze schmelzen und rösten, bis der Grieß goldbraun wird, das kann 10 bis 20 Minuten dauern. Parallel Milch und Zucker einmal kurz aufkochen und heiß halten. Die Zuckermilch und den Zimt zum Grieß geben und etwa 10 Minuten unter ständigem Rühren köcheln, auf kleinster Hitze eine Stunde ziehen lassen. Wenn Ihr Herd auch auf kleinster Stufe zu heiß ist, bei 100 °C in den Backofen stellen.

Käse-Helwa
Peynir Helvası

300 g weißer Käse (selbstgemachter Käse, Rezept Seite 26, ersatzweise Ricotta) fein zerdrückt
50 g Mehl
150 g Zucker

Mehl bei schwacher Hitze rösten, bis es goldbraun wird, das kann 10 bis 20 Minuten dauern. Parallel den Käse vorsichtig schmelzen, Mehl und Zucker zum Käse geben und etwa 10 Minuten unter ständigem Rühren köcheln. Wenn sich das Helwa vom Boden löst, sofort servieren.

Tip: Es gibt auch die Variante mit 100 g Grieß statt Mehl. Der Grieß wird ohne Rösten sofort zum Käse gegeben.

Safranreis
Zerde

Verwenden Sie für dieses Gericht auf keinen Fall einen Safranersatz, sondern leisten Sie sich echten (teuren) Safran. In der Türkei gibt es Zerde traditionell auf Hochzeiten.

½ TL Safran
2 EL Rosenwasser
100 g Reis
300 g Zucker
1 EL Reismehl
100 g Pinienkerne
50 g Korinthen
Kerne eines Granatapfels

Safran in einer Tasse im Rosenwasser lösen. Reis mit einem halben Liter Wasser zum Kochen bringen, Hitze auf kleinste Flamme reduzieren, immer wieder umrühren, dabei jedesmal etwas Zucker zugeben und in 20–30 Minuten weich kochen. Das Rosenwasser zugeben, aufkochen, in derselben Tasse Reismehl und 2 EL kaltes Wasser verrühren, zum Reis geben, rühren, bis die Masse eindickt, in etwa 8 Schälchen füllen, abkühlen lassen. Korinthen 30 Minuten in lauwarmem Wasser einweichen, abtropfen, abtrocknen, mit Pinien- und Granatapfelkernen mischen und den Safranreis damit bestreuen.

Kartoffel-Quark-Keulchen
Patates Köftesi

50 g Korinthen
700 g mehlig kochende Kartoffeln
100 g Mehl
250 g Quark
2 Eier
100 g Zucker
1 Prise Salz
100 g Butterschmalz
100 g Sonnenblumenkerne
200 g Joghurt
125 ml Milch
Mark einer Vanilleschote
½ TL Zimt

Korinthen 30 Minuten in heißem Wasser einweichen und abgießen. Die Kartoffeln kochen, schälen, durchdrücken und erkalten lassen. Mit Mehl, Quark, Eiern, Korinthen, Zucker und Salz zu einem festen Teig verkneten, sollte er kleben, Mehl zugeben, zu einer Rolle formen, 1 cm dicke Scheiben abschneiden, am Rand etwas flach drücken und im Butterschmalz goldgelb backen, auf einem Küchentuch abtropfen lassen, zuletzt die Sonnenblumenkerne anrösten. Soße aus Joghurt, Milch, Zimt und Vanillemark rühren, mit den Sonnenblumenkernen über die Kartoffelköfte geben.

Reismehlpudding
Muhallebi

Muhallebi gibt es in zahlreichen Varianten. Hier das Grundrezept.

1 Liter Milch
80 g Reismehl
200 g Zucker
1 TL gemahlener Zimt

Reismehl, Zucker und Milch kalt in einem Topf gründlich verrühren, unter ständigem Rühren langsam zum Kochen bringen und unter Rühren 20 bis 30 Minuten köcheln lassen, bis die Masse eindickt, in 6 Schälchen füllen, abkühlen lassen, mit Zimt bestreuen und servieren.

Mandelpudding
Keşkül

1 Liter Milch
200 g geschälte, fein gemahlene Mandeln
80 g Reismehl
200 g Zucker
50 g Kokosraspel
1 EL gehackte Pistazien

Milch und Mandeln zusammen aufkochen und wieder abkühlen lassen. Reismehl, Zucker und die Hälfte der Kokosraspel zur Milch geben, gründlich verrühren, unter ständigem Rühren langsam zum Kochen bringen und unter Rühren 20 bis 30 Minuten köcheln lassen, bis die Masse eindickt. In 6 Schälchen füllen, abkühlen lassen, mit Pistazien und den restlichen Kokosraspeln bestreuen und servieren.

Hühnerpudding
Tavuk Göğsü

Hühnerfleisch im Dessert – Tavuk Göğsü ist ein für deutsche Kochgewohnheiten ungewöhnlicher Nachtisch, doch in der Türkei weit verbreitet und beliebt. Probieren Sie es aus und Sie werden staunen: Man schmeckt das Hühnerfleisch nicht.

1 Hühnerbrust, enthäutet und entbeint
100 g Reismehl
1 Liter Milch
300 g Zucker

Hühnerbrust in einen kleinen Topf geben, mit Wasser bedecken, bei mittlerer Hitze ganz weich kochen, parallel zu den Fasern in Streifen schneiden und einige Stunden in kaltes Wasser einlegen, Wasser mehrmals wechseln. Milch, Zucker und Reismehl kalt miteinander verrühren, unter ständigem Rühren langsam zum Kochen bringen, köcheln lassen, immer wieder rühren. Hühnerfleisch abtrocknen und auf einer Reibe zerfasern, zum Reismehlpudding geben und unter Rühren mindestens 10 Minuten weiterköcheln, bis die Masse eindickt, in 6 Schälchen füllen, abkühlen lassen.

Tip: Noch leckerer schmeckt gebräunter Hühnerpudding: Eine schwere (gußeiserne) Pfanne erhitzen, den heißen Pudding hineingießen, unter ständigem Rütteln, damit der Pudding nicht ansitzt, fünf Minuten braten. Erkaltet in Rechtecke schneiden.

Gelee – Türkischer Honig
Lokum

Es wird mir ein ewiges Rätsel bleiben, warum alle deutschsprachigen Veröffentlichungen über die türkische Küche „Lokum" mit „türkischer Honig" übersetzen. „Gelee" trifft die Sache sehr viel genauer. Lokum sind kleine, süße, zähe, geleeartige Würfelchen, die es in verschiedenen Varianten gibt. Hier ein einfaches Grundrezept.

500 g Zucker
160 g Reismehl oder Speisestärke
1 EL Zitronensaft
2 EL Rosenwasser
100 g Puderzucker, Kokosraspel oder gemahlene Mandeln

Eine große flache Backform (Quicheform) mit einem Mulltuch auslegen, und dicht mit 90 g Mehl bestreuen, Zucker mit Wasser zum Kochen bringen, unter Rühren köcheln, restliches Reismehl/Stärke im Rosenwasser lösen mit Zitronensaft, zum Sirup geben, so lange einkochen, bis die Masse nicht mehr am Topfrand klebt, (Konsistenztest: einen Teelöffel Masse in kaltes Wasser geben und prüfen, ob sie geleeartig wird.) Lokum in die Backform gießen, auskühlen lassen, auf eine mit Kokosraspeln, gemahlenen Mandeln oder Puderzucker bestreute Fläche stürzen, Mull und überflüssiges Mehl entfernen, in Würfel schneiden und von allen Seiten wenden.

Mandelmarzipan
Badem Ezmesi

200 g geschälte Mandeln
50 g geschälte Pistazienkerne, gehackt
200 g Puderzucker
Mark einer Vanilleschote
20 ml Rosenwasser

Mandeln fein pürieren: entweder zweimal durch die Nußmühle oder im Mixer oder im Mörser, mit Zucker und Vanillemark verkneten. Nach und nach das Rosenwasser unterkneten. Aufhören, sobald eine feste, formbare Masse zusammenhält, eine Rolle bilden, Stücke abschneiden und zu Bällchen rollen, in den gehackten Pistazien wenden.

Reismehlblätter, gefüllt
Güllaç

Die Reismehlblätter kaufen Sie im türkischen Fachgeschäft unter dem Namen Güllaç.

1 Liter Milch
400 g Zucker
10 Reismehlblätter
150 g gehackte Walnüsse oder Mandeln oder Kokosraspel
40 ml Rosenwasser

Milch und Zucker aufkochen, 5 Minuten leise köcheln lassen und in eine tiefe, flache Schale gießen. Reismehlblatt darin wenden, so daß es geschmeidig wird, auf einen Teller legen, etwas Nüsse/Kokos daraufgeben, von den Ecken her über die Füllung schlagen, in eine Pfanne, für die Sie auch einen Deckel haben, setzen. Mit allen Blättern so verfahren, restliche Milch über die Päckchen geben, zugedeckt zum Kochen bringen. Herd sofort wieder abstellen, abkühlen lassen, mit Rosenwasser beträufeln und sofort servieren.

Tip: Manche lieben Güllaç knusprig, andere weich und vollgesaugt mit Milch. Knusprig werden sie mit weniger Milch und Rosenwasser.

Eiscreme
Dondurma

1 EL Saleppulver
1 Liter Milch
150 g Zucker
1 Stück Mastix, zermörsert mit 1 TL Zucker

Salep in 50 ml kalter Milch lösen, restliche Milch mit Zucker zum Kochen bringen. Hitze reduzieren, Salepmilch dazugeben, 5 Minuten köcheln lassen, Mastix unterrühren, weitere 10 Minuten köcheln lassen, in einer Schale zugedeckt abkühlen, im Gefrierfach gefrieren, dabei immer wieder gründlich durchrühren, damit das Eis cremig (und nicht kristallin) wird. Einfacher bereiten Sie das Eis in einer Eismaschine zu.

Schön für den Ehemann
Hoşmerim

Den schönen Namen hat dieses Gericht, weil es die türkischen Frauen zubereiten, um ihren Gatten zu erfreuen. Allerdings gibt es davon so viele Rezepte wie Türkinnen. Sie weisen zum Teil stark voneinander ab. Hier eine Variante:

450 g weißer Käse (selbstgemachter Käse, Rezept Seite 26, ersatzweise Ricotta) fein zerdrückt
250 g Mehl
225 g Zucker
Saft und Schale einer unbehandelten Zitrone
200 g Kaymak

Ofen auf 200 °C vorheizen. Käse in einer Pfanne vorsichtig schmelzen, in einer zweiten Pfanne das Mehl hellbraun rösten, Zucker, Zitronensaft und -schale zum Käse geben, leicht aufkochen, Mehl dazurühren und unter ständigem Rühren eindicken lassen. In eine Auflaufform geben und 30 Minuten backen. Mit Kaymak heiß oder kalt servieren.

Tip: Geben Sie nur 50 g Zucker in den Teig und übergießen Sie den Hoşmerim dafür nach dem Backen mit 150 g flüssigem Honig. Oder ersetzen Sie die Hälfte des Käses durch 75 ml Sahne.

Joghurtkuchen

Yoğurtlu Kek

200 g Butter
200 g Zucker
2 Eier
200 g Joghurt
250 g Mehl
1 TL Backpulver
Mark einer Vanilleschote

Butter zerlassen und abkühlen, große runde Kuchenform einfetten, Backrohr auf 200 °C vorheizen. Eier und Zucker schaumig schlagen, Butter und Joghurt unterrühren, Mehl, Backpulver und Vanillemark gründlich mischen und unterrühren, in die Kuchenform füllen, 30 Minuten backen. Etwas auskühlen lassen und dann stürzen.

Tip: Diesen Kuchen können Sie auch mit Zuckersirup aus 800 g Zucker, 800 ml Wasser und 1 EL Zitronensaft tränken. Diese Spezialität heißt Yoğurtlu Tatlısı und wird eher als Dessert gereicht, während der Kuchen gut zum Nachmittagstee paßt.

Gewürzkuchen

Külünce

300 g Mehl
10 g Hefe (¼ Würfel)
100 ml lauwarme Milch
100 g Honig
1 Prise Salz
je ½ TL Zimt, Piment und Nelken
50 g zerlassenes Butterschmalz
1 Ei und 1 Eigelb

Hefe und Honig in der Milch lösen, an einem warmen Ort stehen lassen, bis sich das Volumen verdoppelt hat. Mehl in eine Schüssel sieben, mit den Gewürzen vermischen, mit Ei, Butterschmalz und Hefemischung zu einem geschmeidigen Teig verarbeiten, an einem warmen Ort zur doppelten Größe gehen lassen. Teig in vier Teile schneiden, zu 2 cm dicken Fladen ausrollen, auf ein Backblech setzen, mit Eigelb bestreichen, in den kalten Backofen schieben, auf 200 °C aufheizen und bei erreichter Temperatur 30 Minuten backen.

Süßes mit Obst

Reich ist die Auswahl an Obst aus türkischen Gärten und Plantagen. Entsprechend phantasievoll und vielfältig wird die fruchtige Pracht in der türkischen Küche verarbeitet.

Apfelringe, gebacken
Elma Kizartması

125 g Hirse
Prise Salz
3 säuerliche Äpfel
4 Eier
75 g Mehl
1 EL Zucker oder Honig
200 g Kokosfett

Hirse in 600 ml Wasser 2 Stunden einweichen, mit dem Salz eine halbe Stunde köcheln, dann auskühlen lassen. Äpfel schälen, Kerngehäuse ausstechen, in Scheiben schneiden. Eier, Mehl und Zukker/Honig unter die Hirse rühren. Kokosfett in der Pfanne erhitzen, drei Portionen Teig hineingeben, je einen Apfelring darauflegen, beidseitig goldbraun braten.

Orangengelee
Portakal Peltesi

1 kg unbehandelte Orangen
500 g Zucker
50 g Reismehl oder Speisestärke

Orangen abreiben, Saft auspressen und beiseite stellen, von den Schalen die Fruchtfleischreste und die weiße Haut ausschneiden, dünne Schalenreste in feinste Streifen schneiden. Die Streifen zweimal je 10 Minuten in reichlich Wasser kochen, das entzieht die Bitterstoffe. Wasser abgießen, Schalenstreifen pürieren, mit Zucker, Saft und 500 ml Wasser aufkochen und Hitze auf kleinste Stufe reduzieren. Reismehl/Stärke mit 2 EL kaltem Wasser verrühren und zum kochenden Gelee geben, einige Minuten unter Rühren weiterkochen, bis das Gelee eindickt, heiß in Schälchen füllen.

Tip: Dasselbe Rezept können Sie auch mit Zitronen zubereiten (Limon Peltesi).

Kirschkompott auf Brot
Vişneli Ekmek Tatlısı

250 g Sauerkirschen, nach Belieben entsteint
200 g Zucker
8 kleine oder 4 große Scheiben altes Weißbrot
100 g Butter
200 g Kaymak (oder Crème fraîche)

Zucker mit 200 ml Wasser langsam zum Kochen bringen, Sauerkirschen dazugeben und 10 Minuten kochen. Brotscheiben in einer flachen Form in der Butter anbräunen, die Sauerkirschen über die Brotscheiben gießen, noch einmal kurz erhitzen, abkühlen lassen, mit Kaymak servieren.

Kürbis in Sirup
Balkabağı Tatlısı

1 kg Kürbisfleisch, gewürfelt
200 g Zucker
4 ganze Nelken
1 EL Zitronensaft
100 g gehackte Walnüsse oder Pistazien

Kürbis in einen breiten, flachen Topf legen, mit Zucker und Nelken bestreuen, Zitronensaft mit 100 ml Wasser mischen, angießen und bei schwacher Hitze eine Stunde dünsten, Kürbis immer wieder mit Sirup begießen, im Topf auskühlen lassen, Nelken entfernen, mit Nüssen bestreut servieren.

Quitten in Sirup
Ayva Tatlısı

4 Quitten, geschält, halbiert, entkernt
150 g Zucker
1 Eßlöffel Zitronensaft
4 ganze Nelken
150 g Kaymak (oder Crème fraîche)

Quitten in 150 ml Wasser 5 Minuten vorkochen, Kochwasser auffangen, mit Zukker aufkochen, Hitze auf kleinste Stufe reduzieren, Quitten mit Nelken und Zitronensaft in den Sirup geben, eine Stunde köcheln, dabei immer wieder mit Sirup übergießen, Nelken entfernen, abkühlen lassen, mit Kaymak servieren.

Auberginen in Sirup

Patlıcan Reçeli

Auberginen sind wirklich das Leib- und Magengemüse der türkischen Köche. Wagen Sie es, und probieren Sie auch diese süße Variante.

1 kg junge Auberginen, max. 10 cm lang
Zuckersirup aus 900 g Zukker, 600 ml Wasser und 2 EL Zitronensaft kochen – Rezept Seite 142

Auberginen vom Stielansatz befreien, schälen, eine halbe Stunde wässern, abgießen und abtrocknen, in den heißen Zuckersirup geben, so lange köcheln, bis die Auberginen ganz dunkel geworden sind, in gründlich ausgespülte Gläser füllen, vor dem Verzehr einige Tage ziehen lassen.

Noahs Gericht

Aşure

Die Legende besagt, daß Noah nach der Sintflut aus den restlichen Vorräten dieses Gericht bereitete. Es ist ein üppiger winterlicher Nachtisch.

100 g Weizen oder Gerste
100 g Bohnen, Kichererbsen und/oder Linsen
100 g Milchreis
je 50 g getrocknete Aprikosen, Feigen, Rosinen und Korinthen
1 Liter Milch
100 g Mandeln, Hasel- oder Walnüsse, halbiert
250 g Zucker
1 EL Reismehl
100 ml Rosenwasser

Weizen/Gerste 24 Stunden in Wasser einweichen, in frischem Wasser in etwa 2 Stunden sehr weich kochen. Bohnen, Kichererbsen und/oder Linsen getrennt über Nacht einweichen und ebenfalls getrennt in frischem Wasser sehr weich kochen. Reis in heißem Wasser einweichen, bis das Wasser kalt ist, gründlich abbrausen. Trockenfrüchte in reichlich Wasser 5 Minuten kochen, abgießen und kleinschneiden. Milch mit Reis unter Rühren zum Kochen bringen, Hitze reduzieren, 20 Minuten köcheln, Getreide, Gemüse, Früchte und Nüsse dazugeben, weitere 20 Minuten unter ständigem

Rühren köcheln, nach und nach den Zukker zugeben, sollte die Masse zu dick werden, Wasser zugeben. Reismehl in etwas Wasser lösen, einrühren, bis die Masse eindickt, vom Feuer nehmen, Rosenwasser unterheben und in Schälchen füllen.

Kirschkonfitüre

Vişne Reçeli

1 kg entkernte Sauerkirschen
1500 g Zucker
2 EL Zitronensaft

Alle Zutaten mit 300 ml Wasser aufkochen, Hitze auf kleinste Stufe reduzieren und mindestens eine Stunde köcheln. Dabei immer wieder umrühren, den entstehenden Schaum oben abschöpfen (schmeckt sehr fein als Brotaufstrich), heiß in gut gespülte Marmeladengläser (randvoll) füllen und fest verschließen.

Tip: Nach demselben Rezept können Sie Marmeladen aus folgenden Früchten zubereiten: Aprikosen (Kayısı), Erdbeeren (Çilek), Pfirsiche (Şeftali) und Pflaumen (Erik) – jeweils aus pürierten Früchten.

Quittenkonfitüre
Ayva Reçeli

1 kg gelbe Quitten
1500 g Zucker
4 EL Zitronensaft

Die Quitten waschen, schälen, entkernen, in feine Scheibchen schneiden, in eine Schüssel geben, mit 2 EL Zitronensaft beträufeln und mit Wasser bedekken. 30 Minuten ziehen lassen, Wasser abgießen, Quitten mit 300 ml Wasser, Zucker und dem restlichen Zitronensaft aufkochen, Hitze auf kleinste Stufe reduzieren und etwa 2 Stunden köcheln lassen. Dabei immer wieder umrühren, entstehenden Schaum oben abschöpfen, heiß in gut gespülte Marmeladengläser (randvoll) füllen und Gläser fest verschließen.

Orangenkonfitüre
Portakal Reçeli

1 kg unbehandelte Orangen
1200 g Zucker
4 EL Zitronensaft

Orangen in feine Scheiben schneiden und dabei die Kerne entfernen, mit Zukker, Zitronensaft und 200 ml Wasser aufkochen, Hitze auf kleinste Stufe reduzieren und zwei Stunden köcheln. Dabei immer wieder umrühren, entstehenden Schaum oben abschöpfen, heiß in gut gespülte Marmeladengläser (randvoll) füllen und Gläser fest verschließen.

Tip: Wenn Sie den bitteren Geschmack der Konfitüre nicht mögen, reiben Sie die Orangenschalen ab und kochen die ganzen Früchte zweimal je 15 Minuten in reichlich Wasser. Nach demselben Rezept können Sie Zitronenkonfitüre (Limon Reçeli) zubereiten.

Getränke

Wie alle Südländer trinken die Türken viel Wasser. Als typisch türkisch kann man außerdem fünf Getränke bezeichnen: Mokka, Tee, Salep, Ayran und Rakı.

Mokka
Kahve

Traditionell wird Kahve nach einem ausgiebigen Mahl getrunken. Dazu gibt es zuckersüßes Naschwerk. Die Zubereitung eines guten Mokka ist eine Kunst und Zeremonie. Doch haben Sie keine Angst, mit einigen Tips ist es gar nicht so schwer. Was Sie unbedingt brauchen, ist ein Cezve, der Topf mit langem Stiel, in dem türkischer Mokka gekocht wird. Jede Tasse wird einzeln gekocht.

1 TL fein und möglichst frisch gemahlener Kaffee
1 Mokkatasse kaltes Wasser
½ bis 2 TL Zucker

Wasser in den Cezve geben, Kaffee und Zucker daraufgeben und mit einem Löffel schnell verrühren, damit der Kaffee absinkt. Auf der Herdplatte bei kleiner bis mittlerer Hitze erwärmen, den dabei entstehenden Schaum in die Mitte des Töpfchens schieben, den Schaum mit etwas Mokka in die Tasse gießen, den restlichen Kaffee weiterkochen, nochmal den Schaum abgießen, weiterkochen und schließlich den restlichen Kaffee eingießen und sofort servieren.

Tip: Mokka ohne Zucker heißt Sade Kahve, Mokka mit einem halben Teelöffel Zucker Az Şekerli Kahve, mit einem Teelöffel Zucker Orta Şekerli Kahve und mit zwei Teelöffeln Tatlı Kahve.

Tee
Çay

Tee wird in der Türkei den ganzen Tag über getrunken, vorzugsweise aber am Nachmittag. Dazu gibt es süßes und salziges Gebäck, aber auch Appetithappen, wie Sie sie im Kapitel „Kalte Vorspeisen“, Seite 29, finden. Klassisch wurde der Tee im Samowar gekocht: Dieser hält gleichzeitig Tee und Wasser heiß. Der Tee ist sehr stark und steht in einem kleinen Kännchen oben auf dem Samowar. Mit heißem Wasser aus einem Behälter weiter unten kann ihn jeder nach Geschmack verdünnen. In der Türkei bekommt man auch „doppelte" Teekannen: Außen wird das Wasser heißgehalten, im inneren Gefäß der Tee. Die beiden Ausgießer stehen genau gegenüber, so daß man getrennt dosieren kann. Wenn Sie weder einen Samowar noch eine türkische Doppelkanne besitzen, halten Sie Wasser und Tee in zwei getrennten Kannen heiß.

Tee trinken die Türken aus tulpenförmigen Gläsern und grundsätzlich gesüßt. Richtige Teetrinker nehmen ein Stück braunen Würfelzucker in den Mund und schlürfen den heißen Tee durch dieses Zuckerstück. Apropos heiß: Bei den Kurden gilt es als Beleidigung, wenn der eingeschenkte Tee nicht dampft.

Türkischer Tee wird nicht bitter, das heißt, Sie können die Teeblätter im heißen Tee offen schwimmen lassen. Nehmen Sie zum Eingießen ein Sieb.

Türkischer Tee ist sehr stark: Nehmen Sie auf 150 ml Wasser einen Teelöffel Tee.

Heiße Gewürzmilch
Salep

Saleppulver wird aus der Wurzel einer Orchidee gemahlen. Man kann das beliebte Frühstücksgetränk auch fertig in Fachgeschäften kaufen.

500 ml Milch
½ TL Saleppulver
2 EL Honig
je 1 Messerspitze gemahlener Zimt und Ingwer

Milch aufkochen, Hitze auf die kleinste Stufe reduzieren, alle Zutaten zugeben, 15 Minuten köcheln, immer wieder umrühren, mit einer Prise Zimt- und Ingwerpulver bestreuen, heiß servieren.

Joghurtgetränk
Ayran

Ayran ist ein erfrischendes Joghurtgetränk, das vor allem im Sommer zu empfehlen ist. Die Türken trinken es zu Mahlzeiten.

500 g Joghurt
125 ml eiskaltes Wasser
evtl. Salz

Wasser und Joghurt gründlich miteinander verrühren, am besten mit dem Handmixer oder mit dem Shakeaufsatz der Küchenmaschine und nach Belieben mit Salz würzen.

Anisschnaps
Rakı

Rakı ist der einzige Alkohol, den moslemische Türken offiziell trinken dürfen. Er ist den französischen Anisschnäpsen ähnlich.

Er wird pur als Verdauungsschluck genommen – in der Regel in Verbindung mit einer üppigen Vorspeisenplatte. Oder er wird mit Wasser verdünnt: dann wird das Getränk milchig trüb. Das Mischungsverhältnis ist persönliche Geschmackssache.

Cocktail mit Orangen
Rakıcocktail

250 ml Rakı
250 ml frisch gepreßter Orangensaft
1 EL Zitronensaft
1 gehäufter EL zerstoßenes Eis

Alle Zutaten in einem ausreichend großen Shaker mixen. Passend dekorieren Sie den erfrischenden Longdrink mit einer Orangenscheibe und einigen Minzeblättern.

Deutsches Rezeptverzeichnis

Türkisches Rezeptverzeichnis